SHODENSHA SHINSHO

インテリジェント・セックス

杉本 彩

JN276241

祥伝社新書

目次

第一章　女性に好かれるには条件がある　11
■女性は男性のどこに惹かれるのか　12
■モテる男と思われるための条件　17
■出会いと身だしなみ　21
■仕事の姿がセクシー　24
■男性の靴は女性観を表わしている　28
■男性も香水　34
【会話の心得】

■素直に女性を褒める　36
■モテる男はハートと想像力がある　42
■女性のよき聞き役に徹する　45
■会話でのタブー　48
■結婚していることを口にすべきか　51
■自分の弱みも素直にさらけ出す　56
■恋愛論・恋愛観をテーマにしてもよい　60

第二章　デート編　食事とお酒はスリリング　65

■デートコースの設定　66
■女性は右に男性は左　72
■クラシックな雰囲気のレストランが好き　77

■京都の二軒　81
■待ち合わせはレストランでも　83
【料理の選定】
■肉料理を食べられない男性に用はない　84
■デートでの料理は美味しければそれでよい　87
■レストランでのワイン選びの基本　92
■華やかな香りのブルゴーニュ　98
【口説き編】
■「好きだ」がキメ言葉　101
■ホテルをうまく使う　104
■キスのタイミング　110
■ホテルのキープ　114

第三章　セックス導入編 117

■ホテルの部屋に入ったら 118
■男性の匂いは媚薬でもある 123
■男性の下着と準備 126
■デート前の準備 127
■下着を脱ぐのもたっぷり楽しみたい 129
■キスの味は繊細さにある 135
■愛撫は遠いところから始める 138
■唾液をエロティックに活用する 144
■セックスの間も言葉は大切 148
■愛撫で一度、イカせるくらいに 152

■クンニできないのは男じゃない 158
■フェラチオは女性主導で 160

第四章　セックス・クライマックス編 169
■最高のセックスでは涙が出てくる 170
■体位はころころ変えない 173
■セックスでは強さよりも感受性と優しさを 177
■後戯の大切さ 180
■欲望は素直に口に出しましょう 183
■よい関係を長持ちさせる方法 185
■ソフトSMという刺激剤 189
■熟年になればスローセックスで 192

■熟年のエロスは想像力とインテリジェンスの産物　196
■セックスレスで一緒に暮らすのは不自然　201
■セックスの快楽に制限はない　206

杉本彩のマイ・フェイバリット・ワイン　210

企画・編集／元木昌彦＋インターノーツ

第一章　女性に好かれるには条件がある

■女性は男性のどこに惹《ひ》かれるのか

女性が男性に惹かれる最大のポイントは、自分に刺激を与え触発してくれる何かを持っているかどうかということでしょう。

ひと言で表せば、どれだけ面白い人かということ。

女性は男性にはじめて出会ったときに、あるいは相手を意識しはじめたとき、それを全体の雰囲気のなかから感じているんですね。

わたしにとって色気を感じる男性とは、どんなジャンルでもかまわないから、何らかの才能を持った人です。趣味の世界でもかまいませんが、できれば仕事の世界でその才能を発揮していて、わたしとは違った才能であることが望ましくあります。

「この人は、わたしにはないこんな素晴らしい才能を持っている」

と思えた男に敬意にも似た感情が生まれ、それは恋愛や愛情へと進化していきます。

しかも、才能に対する敬意は持続性があります。

外見的な魅力は一時的なものにすぎないけれど、才能はその持ち主に惚《ほ》れる一番の「発火点」ですから、男女がつきあううえでの少々の行き違いやトラブルを乗り越えることができるのです。

そういう豊かな発想力で新しいものをつくる男性は、あるときはクレイジーといわれるようなパーソナリティの持ち主であったりします。

自分がどんなに苦労しようと、また、周りにどれだけ迷惑かけようとも、純粋に面白いもの、画期的なもの、現状を打破するような斬新なものをつくろうとする魂の持ち主。そうした男性の発する刺激に、わたしはこのうえなく色気を感じます。

クレイジーとまでいかなくても、なんらかの意味でいい感性を感じさせる男でなければ、愛する価値はないとわたしは思います。

そして、ある程度、年輪を積み重ねた大人の男性でしたら、必ず、その人でしかできなかったこと、尊敬すべきものを持っているものだと思います。

芸術やエンターテイメントの世界の方、アカデミズムの方、ビジネスの世界の方、実業界の方、家業を継がれている方、タフな仕事をされている方などなど、どんなジャンルでもその人でなくてはできなかったこと、その人に課せられた運命を切り拓いてきた経験をお持ちでしょう。

困難を乗りこえてきた体験、成功体験での歓喜、失敗や敗北から立ち直った強さなどが、私の心を揺さぶります。

むろん、仕事以外の場面でわたしの心をときめかせてくれる男性もいます。

わたしの元ダンナは、ギターを弾《ひ》く姿がたまらなくセクシーだった。そういう意味では、わたしは彼が持っていた才能に惹かれ、憧れに似た愛情を感じていたのだと思います。

社会的なステイタスがなくても、お金がそんなになくても、ただひたすら、自分のやりたいことに才能や人生のすべてをそそいでいる人。自分の流儀やスタイルが定まっていて、それがスマートにキマっている人にわたしは惹かれます。ときに、この身を捧げてもよいというほど応援したくなります。

むろん、お金や社会的地位がある男性は輝いて見えます。それは、お金や社会的地位があるからではなく、その男性が何かをつくろうとしてやってきた、その情熱や才能が輝いて見えるのです。結果として、お金もステイタスもついてきたということではないでしょうか。

もし、お金や社会的地位を持っている男性でも、才能の輝きや、インテリジェンスで刺激を与えてくれなかったら、セックスで満たしてくれなかったら……。その部分を満たしてくれる男性と出会ったとき、心は必ず動くと思います。

だから、顔やスタイルが整っていなくても、地位や財産がなくてもいい。才能、知性と健康な肉体があれば、男性としての魅力は十分。

そういう男性が世間体やしがらみを捨て女性をうまくエスコートできれば、女性も喜んでその胸に飛び込んでいくと思います。

■モテる男と思われるための条件

一般に、モテる男性の条件は、第一に優しくてマメであることです。このタイプの人は確実にモテますね。優しくてマメな人はいろいろなことにエネルギーを使うことを惜しみません。女性にもいろいろ気遣ってくれる。女性はそういう人が好きですね。

第二に愛と情熱に満ち溢れていることです。つまり、何かにのめりこむエネルギーがあり、特に仕事に打ち込んでいる方に魅力を感じますね。

第三に人間として枠にとらわれず幅広い人間であることです。専門にしているジャンルにとらわれずに関心や趣味があって、交友も幅広くさまざまなジャンルの人とつきあっているような方です。好奇心旺盛で、妙なところに出入りしていたり、年齢やポジションにとらわれて自分を抑圧や制限しない人です。

ある程度の年齢で、ホステスクラブに出入りするのを誰も驚きはしませんが、若者が集まる最新のクラブやイベントに出没して楽しめるのは、ちょっと格好いい。まさに、不良オヤジですね。

無理して若者の流行を追わなくとも、江戸趣味の音曲など伝統芸能の稽古をされているとか、哲学や社会学の学術書を読んでいるとか、自転車のツーリングを楽しんでいるとか、もう何十年もサーフィンを続けているとか、とにかく自分の世界を持って挑戦し続けている方。そうした方は、感覚が若く、頭が柔軟な方ですね。

たとえばわたしが開くダンスパーティーなどで、タンゴの相手をすることになって、たとえ踊れなくても尻込みしないで合わせてステップを踏んで、雰囲気に合わせて楽しむことができる、そういう柔軟性を持っています。

因みに、ダンスができる男性は少ないので、ポイントが高いです。ダンスが踊れるというのは紳士に見えますね。

なぜなら、ペアダンスは男性のリードに女性が従うので、女性をどれだけ優しく大切に扱いリードできるか、という技量と精神が問われるからです。その精神やダンスから垣間見る感性は、普段の振る舞いと通ずるところがあり、恋愛やセックスでの女性への扱いを連想させます。

特に、アルゼンチンタンゴなどは体を密着して踊る官能的な大人の踊りです。そこで、男性がうまくリードできれば、踊れない女性でも、ある程度合わせて踊ることができる。

リードが強引だったり下手だったりすると、この人は女性の扱い方もきっと同じなのだろうと感じます。微妙で繊細さが求められるものなのです。

踊るというのは、相手と呼吸を合わせ、気と気のやりとりのようなところがあります。お互いに相手の気を読み、感じあうわけですから、やはりセックスと似ていますね。ですから、踊りがうまくても、お互いに相性が合わないと感じる場合もあるのです。

男性は、ダンスフロアでもベッドの上でも、いかに女性を心地よく美しく踊らせるかということを、心がけてほしいものです。

ダンスがうまくなるには、地道に稽古し続けることです。上達の速度は、もちろん人によって違いますが、地道に真面目にやりながら感性を磨けば、確実にうまくなる。セックスもそうだと思います。

モテる条件の第四は、女性とのコミュニケーションが自然でスマートなこと。そうした努力の積み重ねをしてきて女性の扱いにある程度慣れているということになりますね。

これらモテる条件の何が不足しているか、自分を知っておくことも、女性と交際を始めるとき重要ではないでしょうか。

■出会いと身だしなみ

よく「人は見た目が九割」などともいいます。確かに、男性の魅力は、最初に会ったときの第一印象の見た目から醸し出すイメージに、すでにあらわれているものです。

ある程度、男性をたくさん見てきた女性であれば、見た目からの印象と、しばらく接してわかる男性のパーソナリティに、そんなに大きなギャップがないことが多いと思います。

何を着ているか、何を身につけているか、どんな髪形なのかということには、考え方とかセンスとか価値観が反映されるものです。女性は、男性の第一印象で、ああ、きっとこういう人なんだろうなと、何となく大枠でざっくりととらえられているものです。

ただ若い女の子の場合ですと、上っ面しか見ないことが多いから、あとでつきあいが深まる中で、「この人、見た目とイメージ違うわ」というような感じになりがちだとは思います。でも彼女たちにモテたい場合でも、好印象を与えなくては始まりません。

その意味でも、女性にモテよう、受け入れられようというときに、身だしなみはやはり重要です。

男性にとっても女性にとっても、ファッションのセンスやテイストに好き嫌いはいろいろあると思います。いずれにせよ、清潔感がいちばん重要です。必須といってもよいでしょう。

どんなジャンルでも、たとえばワイルドな男臭い人にせよ、やはりある種の清潔感がないとだめだと思います。ただワイルドだけで男臭い人と、そのなかに清潔感のある人と、本能的に女性は嗅《か》ぎ分けるものです。

たとえば、爪が汚い男性は、最初に失格です。

女性は恋愛関係になる前から、その男と女として出会った瞬間から、この人とベッドを共にすることが可能かどうかを無意識に判断しているものなのです。

もしこの男と寝たときに、この指で爪で触られるかと思うと……ぞっとするものです。髪が手入れされていない、シャツの襟が汚れているという男も絶対にアウトです。そういう生理的なところが、まずクリアにならないと、先には進まないというか、まず興味を抱くこともない。

人間性がどうこうというのは、そこから先の話になります。

とはいえ、最近の若い人で異常に自分の美容に関心のある人がいます。これは、けっこう好き嫌いが出るかもしれませんが、大人の女性にはついていけないところがあります。

最低限の身だしなみや手入れはしてほしいのですが、男性がそうしたことに過剰で、神経質なのが苦手な女性が多いと思います。

■仕事の姿がセクシー

男性がいちばん素敵に見えるのは、仕事をしているときの服装だと思いますね。スーツだったり、制服で仕事をしている人は制服だったりというのは、男の人の戦闘服姿だと思います。

それがまず素敵でセクシーに見えるものです。

プライベートな場面で、カジュアルな姿を素敵に見せるのは、とても難しいことだと思います。

仕事で出会ってスーツを着ているときにはすごく素敵に見えたのに、いざ、デートをしましょうということになって、カジュアルなファッションで出現。

「あれっ?」って……。

ちょっと魅力半減してしまったということが多々あります。

男性の見た目をかなりランクアップさせてくれ、いい男に見せてくれるのはスーツや仕事着です。

たとえば、ネクタイ。最近は、政治家などが、夏場にクールビズといってネクタイしない姿を見せます。ちょっと何か板についてない気がします。

むろん、決まればネクタイしないなりのコーディネートというのも素敵だと思います。

しかし、ネクタイをはずしてコーディネートするというのもワンランクアップのコーディネートの手法ですね。若干難しいものなのだということを自覚しておいたほうがよいでしょう。

ちゃんとネクタイしているのがいちばん無難で失敗がないということです。

むろん、ネクタイはその人の色彩感覚やセンスそのものです。でも、わからなかったり、自信がなければ、ネクタイ売場の店員さんに相談したり、身近な女性に選んでもらうのもよいでしょう。

お洒落でハズしている人は、部分に目がいって全体のコーディネートができない人が多いと思います。自分の目やセンスを疑い、謙虚になることも重要です。

ファッションは、トータルなものです。ですから、身につけるもの全体でコーディネートができていないと、バランスが悪いと台無しです。

■男性の靴は女性観を表わしている

中でも靴は大切ですね。これは女性にもいえますが、どれだけ、よい洋服を着ていても、靴のコーディネートをハズしていると、まったく素敵に見えません。

また、靴に対する男性の考え方には、女性に対する考え方とリンクしてくるところがあるようです。

長くよいものを大切に履く人、靴は履き捨てていくものと考えている人。

こうした身の回りのものの扱い方、考え方をみて、女性は、これはダイレクトに女性に対する扱いとリンクさせて考える傾向があると思っていただいてよいでしょう。

若い時代は、安モノでもそれなりにファッションとして成立するものです。

一方、大人の男のファッションで重視すべきは品質だと思います。

奇を衒《てら》った奇抜なデザインや、いわゆるトレンディな流行《はやり》ものを追いかけるのではなくて、質のよいものを、長年にわたって丁寧に大事に、それこそ修理しながら履いているというような人。

そういうライフスタイルから生まれたコーディネートを、素敵だと女性は感じます。

スタンダードなもの、時代や流行に流されない定番。そういうものをちゃんと大切にしながら、クオリティの高いものを選択している大人は、品よく感じられます。それが、その人への安心感につながると思います。

たとえば、シャツの選び方一つにしても、上質なものとそうじゃないもので、大きく違うと思います。男性ものは特にそうです。

やはり肌触りの悪いウールの服を着ているよりも、カシミアの、肌触りのいいものをさらっと着ているほうが素敵です。同じカシミアが何十パーセントか入っているとしても、高級ブランドと、ノーブランドのクオリティのよいものとでは、値段だけが圧倒的に違います。そういうところがちゃんとわかって、質のよい素材の洋服を賢く選択できるかどうかが、センスのあるなしだと思います。

男性の洋服は女性のもの以上にそのへんのクオリティが明らかに目で見てわかります。

ブランドものの高いものを高額な値段を出して買えというのではありません。ブランドものは、一般に素材や縫製など品質の管理がしっかりしているので安心できます。しかし、本当に質を見極めて選ぶ目があれば、決して高い値段でなくともクオリティのよいものが買えます。最低限の値段はあると思いますが、高級感は値段の問題ではありません。

そういうものをちゃんと知っていることが大人のオシャレの条件でしょう。

人は見かけも重要といいましたが、最低限の身だしなみやセンスがなければ、その人の中身まで女性は関心を持つことができないわけです。

逆に、とんでもないコーディネートをする人はやはり何か、いろんな感性がとんでもないセンスなんじゃないかということを連想させてしまいますね。

ですから、つきあっている男性がハズしたコーディネートをしていると、女性が修正するものです。

大人の男性のセンスは、これまでいろいろな女性に修正されてつくられてきている面もあります。そうした背景が、服装のセンスやバランス感覚に見えてくる。どんな女性とつきあってきたんだろうなどということも含めて、人間が見えてくるものです。

もし、センス的に最低限をクリアしているうえで、独自の何かしらのこだわり、一つでもキラッと輝く部分があるとさらによいでしょう。時計とか車とか靴とか男性の場合はポイントになってますね。

でも、全部何もかもこれじゃなきゃなんていうこだわりは、融通が利かないような感じで鬱陶しいものです。

いくら高額な高級ブランドのものを身につけていても、とんちんかんなセンスの人というのはたくさんいます。そういう人はただのブランド志向のオヤジにしか見えません。

強烈なブランド志向で頭の先から足の先までという人はあまりいただけません。ブランドにとらわれている感じがして、つまんない男だなって男を下げて見えるものです。

高価な有名ブランドものだから着ているわけですが、「もののよさがわかってないんだろうな……」と、逆に格好悪く見えたりするものです。

女に置き換えて考えても、そういうブランド志向の強い女はつまらない女性ですね。そういう女性は、男に対しても高収入や社会的地位などわかりやすいブランド志向でしか見ないものです。

そういう表面的なブランド頼りではなく、いい女はもっと男性の本質まで嗅ぎ分けられるものです。本能的に人間を嗅ぎ分ける能力がある人は、男女ともに魅力的なものです。

かといってファッションで何にもこだわりのない、無造作な男というのもいかがなものでしょう。一般的に女性から論外の判断を下される可能性が高いと思っていただいてよいでしょう。

これは食べ物についての場合もそうです。何でもいいから適当に空腹を満たすことができればよいというのでは、若いころはそれでもよいのでしょうが、大人の男性としては困りますよね。

ですから、ファッションでのクオリティやブランドものの使い方でいちばん大事なのはバランス感覚です。それが、女性にとっての安心感につながってきます。

■男性も香水

男性の身だしなみにおいて香りも重要です。

まず、清潔感があることが基本ですが、そのうえで、香水を上手にかぐわせるのも身だしなみに気を遣っているのだなと感心させますね。

特に、中年の方は加齢臭を意識される方が多いかもしれません。匂いは、耳の後ろのあたりが一番の元ですから、そのあたりに軽くつけるとよいでしょう。

ただし、香りはあくまで控えめに。オード・トワレを軽くつける程度にしてほしいですね。柑橘系の爽やかな香りよりも大人はセクシーな香りのほうがステキですね。

それも、男性的なものよりも、若干ユニ・セックスなほうがよいと思います。

わたしは、香水もプロデュースしていて最初は「ヴィクティム」、今度は「タンゴノスタルジア」というオード・トワレを出しております。女性的な香りですから、筋骨隆々な方には微妙ですが、男性でつけていただいている方がいます。同じ香りでも、男性がつけるのと女性がつけるのでは、香りの感じ方も違うものです。香水が体臭とまじり合うからです。

女性も、「あっ」と香りを意識すると思います。香りはフェロモンの一種ですから、性的な部分に無意識でつながっている。

女性も何か香水かオード・トワレをつけているでしょうから、「すごくいい香りがするね」と褒《ほ》めてあげて、互いに香りの話をする。女性はとてもうれしいしセクシーな気分になれるんですね。

ある程度、香りの種類を決めておくと、その人の匂いというもので女性に印象づけることもできると思います。

■素直に女性を褒《ほ》める

よく、男性が女性と同席しているときに、下心を覚られまいとしながら自分を格好よく見せようとしませんか？　スマートに自分をさらけ出して、自分をアピールする方向に話題を引っ張ってくる。でも、そういうのは女性からはあまり魅力的ではないんです。

女性と親しくなりたいのなら、まず、女性を褒めることです。褒められるのがいやな女性はいない――これが鉄則です。

たとえば声をかけたいと思ったなら、その人がどう魅力的なのかということを、素直に言葉にすることです。

こういうことって、日本人の男性は苦手ですね。そこを少しだけヨーロッパの男性を見習ってほしい。女性に近づくために、欧州風のエッセンスを若干取り入れてほしい。

でも、イタリア男みたいにというのはもちろん無理な話でしょう。でも不器用は不器用なりに、自分の思っていること感じていることを、変にオブラートに包んだり隠したりしないで、ストレートに伝えることに前向きになったほうがいい。

たとえば、素敵な服ですねとか、髪型が似合っているねと。そんなことをいうと、ものほしそうに見られるんじゃないかと気をめぐらす人が圧倒的に多いものです。ですから、格好をつけて自分のアピールにはしるのですね。

「自分は、あなたをモノにしたい……そんなこと何も考えてません。全然スケベじゃないですよ」みたいな感じで下心を見せまいと格好つける方が多い。

格好つける必要はないと思います。

男も女もみんなそういう欲望を持って、いい男を探し、いい女を探して生きているわけです。そういう気持ちをもっとフラットに素直に言っていいと思います。

唐突でストレートすぎる言葉でないかぎり、自分の思ったことを素直に品よく口に出すほうが、人の心をいちばんキャッチする。

「モテない」と嘆く男性がいます。

「俺はモテる」と豪語する男よりもよほどマシだと思います。

「モテる」といっても、どういうジャンルの女性にモテているかが問題です。周りからみてどうしようもない女から言い寄られてのぼせ上がっているような男性は、ハッキリいってバカとしか言いようがない。まして、これまでの武勇伝や関係した女性や数を自信満々に自慢する男は最低。

とはいえ、「モテない」と嘆く、自信がなくてシャイな男性は、自分から積極的にアタックすることを最初から諦《あきら》めているわけです。わたしとしては好意を抱くタイプですが、明らかにチャンスを逃がしていると思います。

欲望をもっと肯定的に受け入れるべきだと思います。

真剣に、「この女《ひと》とつきあいたい」と思ったら、自分の意思を伝えなくては先に進みません。

「断られたらどうしよう?」と躊躇《ちゆうちよ》して、自分の意思を伝えないと先には進みません。

思春期の少年のような恋も素敵ですが、大人の恋愛はやはり余裕が大切。

相手の女性に興味を持って、もっと知りたい、もっと接近したいと思ったら、その思いはエネルギーになるはず。

欲望は生きるために必要不可欠なエネルギー源なのだから、誰もが持っていて当然のものです。それを押さえつけるとぎこちなく不自然になる。

そうなると息詰まる雰囲気になって、女性が心をときほぐすことはできませんね。

気持ちを高めすぎて沸点に達してしまい、それを相手にぶつけてしまうのも、おすすめできません。女性の気持ちがそこまで達していなかったら、二人の温度差がはっきりしてしまって、かえってギクシャク気まずいことになってしまいます。

余裕を持って、フランクに積極的に自分の相手に対する好意を表すということが大切です。

最近、どきっとしたのは、「ずっと好きでした」っていきなり言われたとき。これも一つの褒め言葉じゃないですか。意外と無邪気な男の本音みたいなものは、女性がどきっとしたりすると思うんです。

会話では、素直に女性のどこに自分が惹かれているのか、どの部分をもっと知りたいと思うのかを、女性を褒めながら伝えることでしょう。

まだ、デートしはじめは、恋人関係が成立しているわけではありませんね。そこで、いきなり「つきあってほしい」と切り出して白黒つけるのは、いかがなものでしょう？

友だち以上、恋人未満の微妙な、美しきグレーな関係を楽しむのが、大人の男女の特権ではないでしょうか？　ゆっくりと時間をかけて、自分たちだけのグレーな関係を築いていく過程こそ楽しみのような気がします。

セックスでも、そうですね。急いで頂点を目指すよりも、じっくり互いを味わい楽しみ、引き出しあう。その過程こそ楽しみでしょう。

■モテる男はハートと想像力がある

男性の場合、モテるモテないの違いは、ルックスやスタイルのよさとはあまり関係がない。中には、「イケメンじゃないと絶対にイヤ！」という女性もいますが、大半の女性は、男性を容姿で判断することはほとんどありません。ルックスよりもハート。そして、インテリジェンス。知力と体力は誰でも改造可能ですから、モテるための努力は報われます。

モテる男性の一般的な資質として、知力と体力の両方を兼ね備えているのが理想でしょうが、わたしの場合も、もちろん両方あるにこしたことはありませんが、どちらかというとインテリジェンスが優先します。ある程度のインテリジェンスがないと恋愛は成立しません。

特に、会話において男性はうまくリードする必要がありますが、そこには想像力が必要でしょう。

女性が職業を持っていたり、何か趣味があるとき、その分野について予備知識を準備して仕込むのは、アプローチとしては正解です。わたしに興味があるんだということとイコールなので、快く思わない人はいないと思いますね。

たとえば、わたしはタンゴを踊っているので、タンゴについて詳しくいろいろ勉強してきてくださる。それで話題が深まることになります。ただし、タンゴについてそんなに知識がなかったとしても、何かひとつ見ただけでも、深く感じる心と想像力があれば、自然に豊かな言葉が出てくると思います。それが真のインテリジェンスというものでしょう。

いくら知識がたくさんあっても、その知識の枠におさまっていて、ものを知っているだけではダメ。想像力がないと、会話をしていてセクシーとは思えないものです。

見たまま、聴いたままのことしか感じられないのではなくて、相手の言葉や行動の裏側にある真意を探り、想像する力こそ、セクシーさの極意ではないでしょうか。

わたしはホスト系の男性は好きではないのですが、彼らの世界でトップを競う人気ホストには、必ずしもルックスが並はずれて優れているとはいえない場合もあります。むしろ、正直いってちょっといただけないルックスのホストもいます。

彼らは女性を楽しませるのが仕事だから、愛想が悪かったりサービスが悪ければ決して人気者になれない。ルックスよりハートが大事だということを知っているのだと思います。そして、女性が心で何を望んでいるかキャッチする想像力を持っているのでしょう。

男性ならではの視点や想像力があって、話のなかに新しい発見があったとき、女性はオヤッ？　と興味をそそられるものです。

■女性のよき聞き役に徹する

大人の男性なら、会話では基本的に聞き役にまわるものです。

その女性が、どんなキャラクターであるか、いま、何に関心があるのかをゆとりを持って、話を聞き出すのが大人の魅力になっていくのです。

そして、女性が質問を投げかけたとき、わかりやすく興味を持てるように説明してくださるというのが大人の男性というものだと思うのです。

女性は、聞かれて自分の話をするのが好きです。そして、そこに男性が共感してくれる。さらに、自分が気づいていない、人間的な部分や、内面性に気づいて指摘をされると、わたしはその人にクラッときてしまう。それは、意図的な口説きでなくて、普段からの人間観察で自然なことかもしれませんが、先ほども述べたように想像力があってのことですね。そして、女性のそうした面を引き出すために上手な聞き役であることで、女性を会話で楽しませることになるのです。

会話の接ぎ穂に困ったときは、好きな本とか、映画や音楽などをたずね、お互いがどんな人間なのかを探り合うとよいのではないでしょうか。

好意を持つと自然と相手に興味を持ち、知りたくなるのは自然なことですから。逆に、相手が自分のことを理解してくれると思うと、女性は自然に安心感や信頼感が生まれるものです。

また、視野が広くさまざまな話題を持っていて、好奇心旺盛で探求心豊富な方であれば、自分も影響を受けたり学んだりする中で、世界が広がり、尊敬や信頼を感じるようになると思います。

特に、食についてはダイレクトにそうした面が出ますね。こんなものを食べてみたい、こんなレストランに行ってみたい、というような探求心を抱いている方に誘っていただくと、食事が楽しくなります。また、その方の人間性が伝わってくることになると思います。

ます。

■会話でのタブー

男女の間で、男性に下心がある場合、緊張からなのか猥談をしてしまう男性がいます。

まだ親しくない間柄でも、ある程度親しくなってからでも猥談やシモネタを女性は嫌がります。女性も、同性同士ではそういう話題で笑い合うときもありますが、男性とそうした話題ができる場合、交際相手としてはまったく考えていないといえます。

まじめに性について語るのと、猥談やシモネタは全く別のもの。あくまでも性を話題にするときは知性と品性が必要です。

デートで猥談やシモネタは基本的にタブーだと思ってください。せいぜい、タレントや有名人のスキャンダルへの感想くらいまでにとどめておいたほうがよいでしょう。それも、話題のレベルによっては、程度の低いことにしか関心のない人間という感想を持たれる危険性があると思ってよいでしょう。

おおっぴらに武勇伝を語りたがる男性や、自分から進んで猥談で盛り上がる男性、女性をみれば欲情する男性にセクシーさはまったく感じません。

男女のセックスの話は難しいですよね。私の場合は官能小説を書いているので、比較的セックスの話題が自然と出てきますが、女性は普通、セックスの話を男性とはしにくいものです。

はっきりいってセックスの話をしすぎると、なかなかそういう関係にならないと思ったほうがよいでしょう。

男性として素敵だなと、男としてすごく魅力を感じている相手には、なかなか性的な話を二人きりのときの話題にしたくない。そういう話をした時点で友だち同士みたいな感覚になってしまうところがあります。二人の関係が説明的になってしまいミステリアスなところがなくなってしまうからです。

エロティックな話題をするなら、そういう映画についての意見を言い合うとか、この映画のこういうところが好きっていうところを何か自分の感性とリンクさせてしゃべったりするというくらいまででしょうか。

性について語るのは、何回も何回も肉体関係を重ねて、互いのことがわかり合って関係がかなり発展してからでないと難しいものです。

また、自分の恋愛経験を抽象化してお話しになるのは結構ですが、昔つきあっていた女性のことを具体的に話すのはご法度です。女性はまずシラけると思ってください。

■結婚していることを口にすべきか

また、大人の恋愛の場合、家庭があることも多いでしょう。その場合、結婚していることを自分から言い出す必要はありません。

「僕、結婚してますが、それでもいいですか」

なんていきなり言われると女性は引きます。

相手に聞かれないかぎり、自分から言う必要はありませんし、互いに、相手のプライベートをやたら聞き出すべきではないと思います。

もし、訊ねられたら、正直に答えればよいでしょう。

大人の男と女が、お互いのことをそこまで知らずにいても、どこまで自然な形で惹かれ合っていくかという問題でしょう。

いきなり、「わたしはこういう条件ですけど」と確認していくようなことは、大人の交際の機微には必要ないんじゃないかと思います。

女性は、男性の年齢や生き方から自然に、結婚しているのか、そうでないのか、交際を深めていく過程で漠然と察しています。

女性が何か結婚について話したいという気になれば、自然とお互いに話すようになるでしょう。そのときは自然体で話すことでしょう。

また、結婚について、「いま結婚生活がうまくいってないんだ」的なことも言う必要はないでしょう。

何か、心の中に乾きがあって、そのなかで、ときめきを求めているわけです。ですから、女性のほうから、「結婚しているんですか」と訊ねられたら、曖昧にせず正直にいえばいい。女性にすれば、よほど結婚を前提におつきあいしたいと思ってないかぎり、結婚しているかどうかは、相手を好きになる気持ちとはあまり関係ないものです。

結婚していても、ほかの女性と関係を持ちたいのは多くの男性の本能でしょう。そういう男性と交際を深めるかどうかは女性次第でしょう。

本当に惹かれ合う男女は、結婚してようがしてまいが惹かれ合う。そこで、男性が女性の歓心をかうために、結婚してないとか離婚したいとか口にするのはずるく卑怯でしょうね。あとで地獄を見ることになります。

自然なかたちで触れる分にはいいけど、あえて最初から口にする必要はないということです。

わたしは、結婚についてはコンサバな考えでしたので、前のダンナさんとの関係が冷え切っていても、結婚している間は、ほかの男性と深い仲になることには罪悪感を持っていました。しかし、結婚しているからと、結婚相手以外の男女関係をすべて遠ざける必要はないと思います。

いまは、友だち以上で恋人未満な関係、つまり、気になるけどステディになる一歩手前くらいの男性との交際はありだと思います。

互いに好意を持っていることはわかっているのに、言い出せない、セックスにいたらない、そういう曖昧な関係がスリリングで楽しいし、それでときめきを忘れずにいられるならいいのではないでしょうか。手に入れようと思えば、手に入れられるのに、寸止めの状況。そこに生じるいろいろな現象に、恋の楽しみを見いだせるのが、大人の恋だと思うのです。

男性も女性も、結婚していて家庭があっても、そうした寸止めで楽しむのはまったくかまわないのでは？　そこから先、熱情にまかせて禁断の果実をむさぼったとすれば、背徳の毒がまざりあい激しくエロティックなセックスが堪能できるかもしれません。そして、切ない関係になるかもしれません。

恋愛には独占欲や嫉妬がかならずまとわりつきます。不倫は時に修羅場になるものです。それを巧《たく》みにかわしながら大人の恋愛を楽しむには、そうとうな人間力が必要でリスクがあることは覚悟してください。

自分には無理だと思ったら、寸止めの状況を楽しみ続けるのがよいのではないでしょうか。そうした余裕も大人の恋愛だと思うのです。

ます。

■自分の弱みも素直にさらけ出す

デートでは、女性は知性やセンスある男性にエスコートされることを楽しんでいます。

そんなときに、男性がどんな態度をとるか、スマートさや人間的な優しさを敏感に感じるものです。

ですから、食事のときに断らずに煙草を吸う人は気遣いがない人だということを公言しているようなものですし、お店の人に偉そうな態度をとる人も品がなくて嫌なものです。

会話は素直に率直に自分を表現できることが大切です。

まだ会って間もないのに、けっこう心の内をふっと明かしてくれるような男性に女性は弱いと思います。

普通男同士では絶対口にしないような、仕事のことでも生活のことでもよいのですが、ふとした心の襞《ひだ》や弱点のようなものを話してくれるとき、自分に心を許してくれてるのかなっというか、なんで私にこんなこと言ってくれたのかなというようにいろいろ考えるものです。

ただ、それは愚痴とは違うんですね。自分の弱点をさりげなく、見せられるということです。それは、自分の弱さを知ることのできる知性を、また謙虚さや率直さを感じさせます。

なんの根拠もなしに自分の伴わない自信過剰な男性というのはバカをさらけ出しているようなものです。実績と根拠があれば、過剰な自信をさらけ出す必要もありません。むしろ自分に自信がなくて時々は自己嫌悪に陥っているくらいの繊細な男性のほうがいいですね。

完成された男性なんて本当にいるんだろうか？　という思いがあるからかもしれ

ません。それに、完成された男性では、わたしの入り込む余地はほとんどない。むしろ、未完成の男性に魅力を感じます。

その人の人生の中で、重要な位置を占めたいと考えるのです。それだけ深い関わりを持てれば持てるほど、好きな男性との一体感の高まりは大きなものになると思います。

恥ずかしいなんて思わないことです。女性に弱みを見せるまいなんて思わないことです。さりげなく、弱点を口にできる男性というのは、そうとうな口説き上手です。

つまり、それだけ、女性には効き目があるということですね。

ただ、自分の弱点をさらけ出すには余裕のある計算ができる大人でなくてはなりません。何の脈絡もなく男としての美意識もなく話されると、情けない男にしか見えなくて女性は引いてしまうものです。話の流れがそういう流れになっているから、いまちょっと本音が出たんだろうな、わたしに心を許しているからそういうことを口にしたのだと、女性に思わせるように、計算とは見せないくらいの高等な会話センスが必要ですね。

■恋愛論・恋愛観をテーマにしてもよい

女性との会話をうまくはこびたいなら、女性の興味をそそるような方面について知識をある程度持っていることがよいでしょう。

その場合、それを仕事としていないかぎり美容や健康について女性に話せるだけの関心と知識があればよいでしょうが、大人の男性に普通は無理ですし、妙に詳しすぎるのはかえって不気味です。

いま、どんな仕事をしているのかエピソードを交えて話をしていくのが普通でしょうが、時代の流れに無理に乗りかからない普遍的なテーマのほうが、その人らしさを表現できると思います。

中でも無難に話が弾むのは恋愛の話でしょう。そこから、映画の話や、小説の話、音楽の話などにふくらんでいくものです。

恋愛は、世代に関係なく共通の話題として、興味を持ち合うことができるテーマだと思います。

そのときに、恋愛論というリトマス試験紙で、互いの感覚が合うか合わないかがわかってきますし、感覚が合えば世代を超えた共感を持つことで一緒に過ごすときが楽しくなりますね。二十歳くらいの年齢差でもギャップをあまり感じなくなると思います。

わたしの場合、封建的な人とは、年齢が近くてもギャップを強く感じます。

むしろ、感覚の合う年の離れた方のほうが、デートしていても、とても勉強になると高揚します。

わたしは、セクシーさを自己演出したり、エロティックなことに寛大ですから、奔放で開放的に見えますが、会社を経営していたりするので頭の中はコンサバなところが非常にあります。結婚していたころは、一回結婚した以上離婚してはいけないんだと自分の気持ちを押さえつけていましたし、エンターテイナーとしてセクシーなキャラクターを演じるときでさえ楽しむことを忘れ、ただひたすら一生懸命に演じているところがありました。

そこをある年上の方にズバっと指摘されたことがありました。「もっと突き抜けなきゃいけないよ」というふうに言われたんです。

それで、ああ、そうか、人生ってもっと素直に楽しまなきゃいけないんだ、自分の魂が喜ぶことを目指すべきだと気づかされました。こうあるべき、という責任感ばかりにとらわれて、自分の中の欲望を認めて楽しむことを置き去りにしていたのです。

そんな助言をいただくのは、とても嬉しいものですし、もっといろいろな話を聞きたいと思ったものです。二十歳年上の方には、二十年分の経験がある。その積み重ねから出た言葉はやはり、心に響きますね。

ですから、女性との会話では、聞き上手になって、ご自分の蓄積から上手にアドバイスをしてあげられるとよいでしょうね。

ちょうど、ベテランの占い師に女性が心のなかをいつの間にかさらけ出しているようにです。

よく思うのは、女性は三十五歳から、男性は四十歳からが本当の大人のスタートなんです。

大人の恋愛を楽しみ、相手に楽しませる余裕というのも、それくらいの年齢になってからでないと出てこないものです。

年輪を積み重ねた男性には大人の魅力があるという自信を持って、女性をリードしてほしいと思います。

第二章　デート編　食事とお酒はスリリング

■デートコースの設定

デートの基本は、やはり一緒にお酒と食事をするということだと思います。コンサートや観劇、展覧会、散歩などへ行き、そのあとで食事ということもあるでしょうが、いずれにせよ、勝負はディナーとそのあとの展開でしょう。

二人で食事をする関係というのは、重大なことだと思います。男性は何気なく女性を誘い、女性も食事くらいならと軽い気持ちで応じていますが、二人で食事をするというのはとてもエロティックな行為だとわたしは思います。

食欲という本能を満たす行為であり、味覚や嗅覚、触覚という官能をともに堪能するわけです。セックスととても共通点が多いのです。

さらに、気が合えば肉体関係に進むかもしれない。男性はそういう下心がどこかにあって女性を誘っているわけです。根底にエロティックなものを秘めながら二人で食事をするのはスリリングなわくわくする行為だと思います。ある種セックスの前戯だといってもよいでしょう。

ですから、男性は女性が食事に応じてくれたということは大変なチャンスを掴んでいるということをふまえて臨んでほしいと思います。

食事はエロティックで人間の本能的な行為だといいましたが、本能の生々しさをいかに隠すか、暗喩《あんゆ》としてとどめるかということに食事のマナーがあると思います。

初デートにどこに行くかは重大な選択になります。

つきあいが重なって、関係が深くなれば、いろいろな種類のお店で飲食をするのも楽しいでしょう。それこそ、A級グルメからB級グルメまでいろいろな食の好奇心を一緒に満たすのは楽しいことです。

基本は、相手の嗜好を聞いてみることでしょうが、女性はまず正直に答えないものです。どんな店を選んでくれるのか「お任せします」といって男性の感性を見てる。あるいは、困惑するのを楽しんでいるかもしれません。ただ、苦手なものはチェックしておいたほうがよいと思います。

一般にクセの強い食材やエスニック料理の場合、相手の嗜好がよくわかり、同じレベルの好奇心がある場合だけにしたほうがよいでしょう。辛すぎるのが苦手とか、羊肉が苦手とか、魚介や甲殻類が苦手などがあると思います。

わたしの場合、ジビエ（野禽類）が少し苦手ですね。まあ、小鳩や仔羊くらいは食べられるのですが、家鴨などはけっこう難しい。ほかに、実はうなぎが苦手です。子どものころは食べていたのですが、どうも脂の感じが好みでなくて敬遠しています。

また、いくら美味しくても焼き肉とか居酒屋というのはラフすぎる感じがします。

ですから、初デートや誕生日やお祝いの日などの記念すべきイベントのデートで無難なのは、雰囲気のよい高級店だと思います。

男性はデートに誘うときに、ちょっとハレの気分で演出してエスコートするべきでしょう。女性もそうされると、自分に注がれる相手のエネルギーを感じ、構えが違ってきて、意識が高まると思います。つまり、男性からは落としやすくなるということです。それには、高級店というシチュエーションを選ぶのが効果的です。

男性の女性に対する姿勢は、どんな店をセレクションして連れていくかに反映されるのです。高級店を選ぶことは、女性にきちんとお金をつかってくれる、それだけの価値があると認めていることを見える形で示すことだからです。

また、そうした高級店でも臆することなく自然に振る舞える姿が頼もしく思えます。背伸びしていっぱいいっぱいになって連れていかれるのはツライところです。

年に一回でもよいですから、彼女の誕生日など特別な日には、そうした店を訪れるくらいは身の丈にしていてほしいと思います。

カジュアルなところに連れて行く場合は、料理に高いこだわりのある店のこれをぜひ食べてほしいといった、そのお店でなければならないというよほどの必然がある場合でしょう。ただ、そうした気持ちはセンスや味覚が合わないと伝わりにくいもので、そういう店でデートを成立させるほうが難しいといえます。

そういう店は二人の関係がごく親しくなって、相手のセンスや好みをある程度把握してからにすべきです。店の店主との親しげなやりとりなどから人間性が見えてきたり、いぶし銀のようなレトロな味わいの居酒屋を探訪して渋い趣味に感心させられたりというのは、けっこう高度なセレクトなので、とりあえずは先にしたほうがいいと思います。まして、焼き肉屋やジンギスカン屋に最初からというのはトリッキーすぎますね。お肉が好きで、美味しい店があっても、女性を落とすためのデートということとは方向性が違うと思います。

二人の親密度が増してきた段階なら、焼き肉屋さんもありでしょう。雰囲気のよいお洒落なお店もあります。因みに焼き肉は食事の進め方などにその人の人間性やセンスが出るものです。いっぱい焼き網に載せて食べる人、食べる分だけ一枚ずつゆっくりという人。焼けるのが気になって人の皿に終始入れたくなる人などなど。こうした姿をさらすのは、よほど関係が進行して互いのことをよく知ってからのほうがよいと思います。

同様のことは鍋物でもそうですね。ふぐとかしゃぶしゃぶなら気取ったデートにも可能でしょうが、やはり、親密さが増してから、季節の美味しいものを食べようという食主導のデートの場所でしょう。

■女性は右に男性は左

はじめのうちのデートで高級店に行く場合、和食という選択肢もありますが、誕生日、クリスマスなど何かしらのイベントのときや初デートのときなどの勝負レストランは西洋レストランのほうがよいでしょう。

和食で高級店というのは、お座敷だったりして堅苦しい。それこそ、会話が途切れるとシーンとしてしまって重苦しくなります。そういう静謐さを楽しめるのは、もっと親しくなってからだと思います。

それに、料理の技を誇りにしている和食のお店は一般に照明が明るすぎる傾向があります。

見た目でも楽しむために料理をくっきり浮き出させる必要があるのでしょう。でも、明るすぎる照明はロマンチックなムードを盛り上げてくれませんね。

オープンキッチンになっている和食割烹のカウンターに並んで、料理人の技を眺めるのも楽しみでしょうが、料理に向かい合う比重が大きなテーマとなってしまい、互いを知り合うための会話に夢中になりにくい。会話に夢中で、お箸が進まないのは料理人に失礼な感じがしてきます。二人の親密度が増して、一緒にあそこの料理人の技を楽しみに行こう、という段階になってから訪れるほうがよいでしょうね。

大人の男性にとってお寿司屋さんは場馴れしている場所かもしれませんが、けっこう面倒です。食べたいものを注文しなくてはなりませんが、それを考えるのが負担です。好きなもの食べたいものを頼めばよいのでしょうが、ウニ、トロ、アワビなど高いネタばかり頼むのも気を遣いますし、かといって安いネタばかり頼むのもヘン。旬の魚の基礎知識がなかったりすると、相手にどう思われるだろう…などと、女性も計算するので疲れてしまいます。

ですから、お寿司屋さんでは、女性に好き嫌いを言ってもらって、あとはお任せにするのがよいでしょう。いずれにせよ、二度目以降のデートの場所でしょうね。

中国料理でも二人用のコースを用意しているお店もあります。高級有名店も選択肢のひとつですが、ヌーベルシノワのような雰囲気も重視しているレストランでないかぎり中華料理は大人数でわいわい食べるのが本来の楽しみですから、西洋レストランに比べてハレの舞台としての特別感に欠けると思います。

そこへいくと、西洋料理のレストランはモダンなお店であれクラシックなお店であれ、照明や内装で雰囲気を盛り上げロマンチックです。夜景のきれいなレストランで料理も美味しいという店でもよいでしょうし、歴史的に評判の高い店でもよいでしょう。

特別感がある場所にエスコートされるというお姫様的なシチュエーションに女性は憧れを抱いています。それを満たしてくれる人に好意を持つのは自然なことだと思いませんか。

それに、西洋料理の場合、料理の値段は高級店でもせいぜいコースで一人二～三万円くらいで済みます。問題はワインの値段ですね。

それも含めて、無理なくエスコートできなくてはなりません。レストランに慣れていない場合、ランチのある店で事前に試して、状況を把握しておくのもよいでしょう。

二度目以降のデートでカウンター席を利用する場合、カウンターに向かって女性が右、男性が左に座るのが望ましいと思います。心臓の鼓動を打つ部分は左にありますから、なんとなく男性に身を預ける感じになるのだと思います。

上級のプレイボーイで有名なオジサマには、カウンター上で右手を女性の左手の上に重ねて話をするという技を駆使される方がいます。手はけっこう感じやすい部分ですので、前技が始まっているわけですね。

カウンター席の場合、男性が右腕を伸ばして背後から背中や腰にボディタッチするのも自然ですね。

いやらしくならずに自然で軽いボディタッチは重要です。女性がコートや上着などを着用しているときなどは、着脱を手伝うべきですし、エスコートの一部としての自然なボディタッチは急激に親密度が増すものです。女性も決して嫌ではありません。

クラシックな雰囲気のレストランが好き

西洋料理のレストランには、モダンな内装のお店とクラシックな雰囲気のお店があります。わたしはどちらの雰囲気も好きですが、料理はクラシックなほうが好みです。

客層も大切です。やはりデートでは若い人が来るようなカジュアルなお店は落ち着かない。大人のデートでは、シックな雰囲気のところがいいですね。

クラシックな店を具体的な店名でいうと、有楽町「アピシウス」、芝公園「クレッセント」、紀尾井町ホテルニューオータニ「トゥール・ダルジャン」などでしょうか。

「アピシウス」は店内にシャガールやゴヤなどの名画が飾ってあり、お洒落なムードたっぷり。自然と絵画の話題ができるので、絵画鑑賞が好きな方なら趣味のよさをアピールできるのではないでしょうか。「クレッセント」は現代の鹿鳴館とも呼ばれる洋館レストランです。貴族の館風の建物は、少々気取って女性をエスコートしても様になるのではないでしょうか。

「トゥール・ダルジャン」はご存じの鴨料理で世界的に有名なパリのお店の支店です。料理の素晴らしさもむろんですが、ルイ15世時代の調度、エレガントなカーテンなど重厚な内装は特別感を盛り上げてくれます。

最近、行って印象深かったのが表参道「ピエール・ガニェール」ですね。モダン調なのですが、店内は円形でエレガントな雰囲気になっています。フランスの有名シェフが提携ではなくオーナーとして関わっているので、お料理も創意に満ちていて分量も適度。さらに、同じビルの上階には夜景が楽しめるバー「ラ・テラス」があります。

銀座「ロオジエ」は内装はアールデコでモダンですが、螺旋階段をあがってダイニングに行くシチュエーションに演出感があります。

イタリアンでは歴史のある「キャンティ」が独特の雰囲気がありますね。

最近もっぱら行くイタリアンは「アッピア」。天現寺と西麻布に二軒あります。女性がまちがいなく喜ぶお店ですね。「キャンティ」からスタッフが独立して開いたお店で、取材拒否を貫いているようです。

アンティパスト（前菜）のワゴンサービスがあり、迷うくらいたくさん用意された中から好きなだけ選んでいくスタイルです。メインの料理などもワゴンでサービスされ皿に取り分けてくれます。最後のドルチェも、好きなだけとってよくなっています。こういう演出を女性はとても喜びますね。

イタリアンでは、甲殻類のパスタ（例・ワタリガニのスパゲティ・グランキオ）などは美味しいけど食べにくいものです。こうしたものはデートでは注文しないほうがよいでしょう。イカ墨のスパゲティなどもお歯黒状態になるので、男女の仲が親密になればかまわないのでしょうが、やはり避けたほうが無難。

そういう意味ではやっぱり「アッピア」のようなスタイルだと、食べにくいものは全部上品にサーブしてくれます。余計な神経を遣わなくてよいのでとても楽ですね。

はじめのころのデートにおいては、食事は時間を共有し互いを知るための手段であって、中心テーマではないということですね。ですから、男女ともにスマートな立ち振る舞いができる、そういう舞台を選ぶことが肝心でしょう。

■京都の二軒

わたしの育った京都では、「おくむら」という京風フレンチ懐石発祥のお店が気に入ってます。わたしが十代のころからデートで御用達のようになっていた場所です。生意気な十代でしたね。

「おくむら」は祇園にも出店しているのですが、本店は左京区一乗寺の住宅街のなかにあります。けっこう大きく素敵な建物が一軒、そのままフレンチレストランになっています。雰囲気もあり周辺も静かでデートにはもってこい。

しかも、そんなべらぼうに高い店ではありません。

和食でよく行くのは、祇園の割烹「つかさ」でしょうか。

京都で美味しい和食を食べようとか、誰かを案内しようというとき足が向く店ですね。

品のいい割烹料理屋ですが、あまり気取りすぎずくつろげます。調理場はご主人一人だけでやっておられ、家庭的な親しみもありながら、高級感も失わないみたいな、いい塩梅《あんばい》の落ち着いたお店です。お料理やもてなしを考えるとお値段も決して高くありません。

冬には前もってフグを食べたいと言っておくと用意しておいてくれて、それがまた非常に美味しいんです。場所は、「一力」さんのはす向かいです。

■待ち合わせはレストランでも

繊細な男性の中には、レストランで直接待ち合わせるのではなく、ホテルのラウンジなど「別の場所で待ち合わせしましょうか？」とか、「ご自宅や都合のよい所まで迎えに行きましょうか？」と、言ってくれる人がいます。女性はかならずしもそこまで望んではいないと思いますが、そこまで気遣いされるのは決して嫌なものではありません。

むろん、レストランのウェイティング・バーで待ち合わせるのでもよいのですが、エスコートを演出するうえで、そうした手段もあるということですね。

二人が落ち合うところからエスコートが始まっていると思ってください。

【料理の選定】

■肉料理を食べられない男性に用はない

前に述べたように、わたしは〝男女の関係において、食事は最高の前戯〟と考えています。

食事をしながら、相手がどんなことを話すのか、それはすなわちその人の感性を知ろうとすることだから、その延長で〝この人はどんなキスをするんだろう。どんなセックスをするのだろう〟と連想するのは自然なことです。

男女が肉体関係を持つ前に、相手のことを知ろうとセックスを連想しあいながら食事をするのはすごくセクシーですね。

食事のシーンにおいて仕草や会話の端々、その人が醸し出す全体の雰囲気など、どんなセックスをする人なのかが表れるものです。

わたしにとって肉料理を食べられないという男性はＮＧです。年をとると肉よりも魚という方もいますが、わたしにいわせれば男性としての魅力に欠ける印象を持ってしまいます。そもそもアレルギーがあるとか、思想や宗教上の問題がなければ、健康だったら、食べられるわけです。女性の潜在的な願望として、狩猟本能を男性に求めているのです。肉食はその象徴だと思います。

わたし自身、大好きですし、お肉を口にしない日はないくらいです。わたしは草食動物か肉食動物かでいうと、間違いなく肉食動物でしょう。積極的に肉を食べられない男性は、精力やエネルギー不足に思えます。

だから、レストランで野菜ばかり食べている草食動物のような男性とはエネルギーのバランスがとれないでしょう。

それに小食の男の人も好きになれません。自分がよく食べるせいもあるけれど、男はやはりガッツリ食べられなきゃ。食事を残すのもイヤですね。

■デートでの料理は美味しければそれでよい

料理のセレクトも男性がリードしなくてはなりませんが、要は基本は美味しければよいと思います。特に最初のデートの食事は、雰囲気重視ですから、あまり凝った内容の食べ物を狙うことはないと思います。

女性に、苦手なものを聞く、もしくは食べたいものを聞く。そのうえで、お店の人におすすめを相談したり、事前にその店の代表メニューを頼めばよいでしょう。アラカルトで選定するのが負担な場合、コースを頼むのでもまったく問題はないでしょう。

お皿のポーション（一人前の分量）も訊ねておくのもよいでしょう。あまり量が多いと女性がもて余す場合があります。いろいろ食べたい場合は、ひとつ頼んで、お皿にとりわけてもらうのもよい方法です。

そういう意味でも、お店について把握しておいたほうが何かと余裕ができて、エスコートがスマートにいくと思います。やはり事前に一度は訪れたことのある店にしたほうがよいでしょうね。

お酒選びについてもセンスが問われます。別にワインの銘柄について詳しくなくてもよいと思います。しかし、メニューも見ずに「とりあえずビール」といったり、「何か適当に」と人任せでは最悪です。

食事の内容によって楽しむお酒の種類は違うものだし、女性の嗜好を気遣い楽しんでもらおうという姿勢がないのは、せっかくのデートの盛り上がるチャンスを台無しにするようなものです。

わたしの場合、食事やお酒に関心の高いほうです。料理やお酒に無関心だったり、意識を配ることができないなんて、根本的に感性の器が浅い人だと思えてしまいます。

　なぜ、自分はその料理を美味しいと思うのか。なぜ、食べたいのか。自分のなかできちんと把握していない人は、なんだか薄っぺらい。薄っぺらいというのはすなわちセクシーでないのです。

　わたしがセクシーだと心動かされるのは、男性に同じような感情をみつけ共鳴するときです。もちろん、感性は人それぞれですから、わたしと違う場合もあってかまいません。ただ、相手の気持ちを理解しようとする感覚はとても大切なものです。ともに体験し楽しむ食の官能について、心を合わせようと気を配っていただくのは前戯としての食事で一番大事なことだと思います。

　セクシーさは人間の本能に訴えかける何かだと思います。薄っぺらな人に、そういう「触発させる何か」は求めようがありません。

　わたしが求めるセクシーさとは、好きな相手の言葉や行動の裏側にある真意を探し、考える。その想像力こそがセクシーさの極意です。それに相応《ふさわ》しいステージが食事のシーンには詰まっています。

食事やお酒のときの女性の仕草や表情を観察してください。満足しているのか、興奮しているのか、陶酔しているのか、欲情しているのか、あるいは、そうした高ぶりを隠しているのか、察知できれば、相当な大人です。

まずは、女性にエスコートされる満足を感じさせることができるかどうかが重要です。

料理についても、いろいろご存じで知識豊富で蘊蓄《うんちく》を傾けてお話しになる方もいますが、シェフや料理人ならなるほどと思うかもしれませんが、正直なところそんな話はどっちでもよいと思わないでもありません。

食について何かワンポイントでこだわりや嗜好をお話しされるのはいいのですが、最初から最後まで蘊蓄だと疲れます。

レストランのマナーや情報に詳しくても、そんなこととはセクシーさとは無関係。

セクシーさとは、知識よりも感性で磨くものではないでしょうか。

ですから、ワインの知識に詳しいのもけっこうですが、詰め込んだ知識をひけらかすのはどうでしょう。女性がワイン好きなら興味を持って話が盛り上がるでしょうが、そうでないなら、どんなワインをどんな点から選んだのかくらいに話題をとどめておいたほうがよいでしょうね。

とはいえ、ワイン選びの基本くらいは紳士の心得として押さえておいてほしいものです。

■レストランでのワイン選びの基本

わたしの好きなお酒はまずシャンパンです。口当たりも優しいですしシャンパン好きな女性は多いと思います。なんといってもシャンパンは幸せな感じがするお酒で華やかさがありますし、二人のデートを祝福する気分にぴったりではないでしょうか。

ですから、最初の一杯目は、ぜひ、シャンパンをオーダーしてほしいと思います。シャンパンを果物などで割るようなシャンパンカクテルはあくまで食前酒でしょうが、女性がシャンパン好きならボトルでとってもよいでしょう。

シャンパンは割とどんな料理にも合いますので、熱烈なシャンパン好きの場合、食事のお酒をシャンパンで通してもかまわないと思います。シャンパンで通す場合、同じものを頼むか、違うものを頼む場合は二本目は、一本目とグレードが同じか上のものを頼むのが原則です。

これは、同じジャンルのお酒を頼むときのお酒全般のルールでもあります。白ワインから赤ワインへなど、違うジャンルやテイストが大きく違う場合は、関係ありません。

シャンパンには辛口と甘口があり、また酸味と香り、シャープかマイルドか、コクのある熟成されたものか軽やかなものかなどの味わいの違いを楽しみます。ヴィンテージのあるのとないのとでは深みが確かに違います。

よく知られているシャンパンには、大手メーカーのドン・ペリニョンとモエ・シャンドン、ヴーヴ・クリコ、ポメリーなどがありますが、RM（レコルタン・マニピュラン＝自社畑のブドウで醸造する業者）の珍しい銘柄のものを飲んでみたいというシャンパン好きの女性もいます。そういう気持ちを察知してリクエストにこたえてあげるのも上級のデートだと思います。レストランのソムリエと相談して、珍しいシャンパンにトライしてみるのも楽しいものです。

ワインの選び方ですが、通常は料理に合わせて白から赤へ、もしくは、白か赤で通すなら軽いものから重いものへ、あとのワインのほうをグレードが高いものにと二本くらい飲むのが通常でしょうか。料理との相性で、通常は魚介の料理には白を、肉料理には赤を合わせるのが普通ですが、好みがあれば優先してもかまいません。

二人ともアルコールに強くない場合は、白、赤のどちらかをハーフサイズにする場合もあります。

わたしはワインは美味しければ、値段は安いものでもぜんぜん問題はありません。とはいえ、ある程度の目安は知りたいでしょうね。ワイン代は食事代一人前の一〜二倍くらいの目安でといわれます。

すると一人二万円の食事でワイン代は二～四万円。ヴィンテージものの名醸ワインを飲むときは、もう少し予算がかかることになります。

ワインの値段は同じ銘柄でもヴィンテージによってそれこそ大きく変動します。ヴィンテージもののワインは、ボルドーの四大超特級で出荷時点の小売で三万円くらい。ブルゴーニュの特級畑のもので一～三万円、一級畑で五〇〇〇円～一万円くらいです。レストランではこの二倍くらいになります。

誕生日を祝うときなどは、女性の誕生年のヴィンテージワインを予約しておくのもよいかもしれません。この値段も銘柄やヴィンテージによって大きく変動します。因みにわたしの生まれた一九六八年ものは小売値で二万円くらいからあるようです。シャトー・ラフィット・ロートシルトで一〇万円くらいだそうです。残念ながらこの年は、ボルドー、ブルゴーニュともにブドウが不良の年で、その分生産量も少なく早飲みされる傾向があり、在庫が少ないそうです。

誕生日などのヴィンテージワインは、レストランで抜栓してもよいですが、二人でお部屋をとって飲もうというシチュエーションにしても、プレゼントにしてもよいでしょう。

レストランでワインをセレクトするのに、よほどのワイン通でもない限りワインリストを見て自力で選ぶのは大変なことです。ソムリエに選んでもらうので全然、問題ありません。「料理との相性のよいもの」「軽めが好み」「重めが好み」そして「これくらいの予算で」などと頼むのがよいでしょう。しかし、直接値段を口に出すのはやめてください。ワインリストの中のワインのグレードを基準にソムリエに伝えれば理解してくれます。

そうした飾らない感じに、女性は好感を持ちやすいと思います。

自分でいくつかワインを覚えていて、「そういうのが好きなんだけど、似た感じの美味しいものはありますか」などと聞くのもいいと思います。そのあたりに近いところを出してくれるのではないでしょうか。

ただ、女性は値段が高ければうれしいというものではありません。その人のだいたいの予算もありますし、ワインはそれこそいくらでも高いものがあります。ワインリストで一番安いのを、よく考えずに選ぶのはやめてほしい感じですが、それでも美味しければよいと思います。

レストランによっては、うまく仕入れられたのか、このお酒がこんな値段で！というくらいコストパフォーマンスのよい価格で提供されていることもあります。そうしたお値打ちものを知っているのは、ものの価値を知っているという意味で大人の感じがします。

■華やかな香りのブルゴーニュ

ワインの本場フランスの二大産地として、ボルドーとブルゴーニュがあります。ボルドーの赤は、渋味のある豊潤で力強い味わいが特長です。また、白にはソーテルヌの甘味の強いデザートワインがあります。

因みに、わたしの好みはボルドーの重いものよりも、ブルゴーニュの香りが高く濃縮された果実味のあるものが好みです。

あるソムリエの方の経験では、バブル的に景気のよい実業家や政治家は、ボルドーを好まれるようです。いいワインならボルドーで当然という意識なのでしょうか。そういう方に、よく知られた超一級をごちそうになると、もちろん「美味しいですね」とニッコリはしますが、何かブランド信仰につきあわされているような気がしないでもありません。

一方、クリエイティブな仕事をしている方やお医者さんなどがブルゴーニュを好む傾向があるようです。

ボルドー派かブルゴーニュ派かくらいは訊いてほしいと思います。

ブルゴーニュの白はほとんどがシャルドネから造られています。辛口白ワインの王様といわれるモンラッシュの深みのある味わいは好みのひとつですね。

好きなワインにはイタリア産のものもあります。イタリアを代表する高品質ワインのバローロやバルバレスコも好きなワインです。

また、高級レストランはフランスワインしか置いてない場合が多いですが、カジュアルなレストランでチリやアルゼンチンがあると、それはそれで美味しいので、そうしたワインでも全然問題ありません。

カリフォルニアワインにも素敵なものがたくさんあります。オーパスワンなどの有名ブランドものは少し値段が高すぎると思っています。

ブルゴーニュでわたしの好きなシャンベルタンやニュイ・サン・ジョルジュなどは、高級店のフレンチならどこのレストランでも用意してあります。

（巻末に杉本彩のマイ・フェイバリット・ワインを掲載しています）

【口説き編】

■「好きだ」がキメ言葉

デートにおいて、お酒の力は重要な鍵を握っています。わたしもよくお酒の力を借りますが、男性もやはりお酒の力を借りて、照れくさくて簡単には口にできない気持ちをストレートに言葉にすることができるのでしょうね。

ですから、たとえお酒の力を借りたとしても、食後のバーで、「好きだ」と言葉にする。

そういう言葉をもらって嫌な気持ちになる女性はいません。

ここで、「愛してる」という言葉はちょっと強すぎます。肉体関係もまだないのに、どうしてそこまで言えるか違和感を感じますね。ちょっと一方的な感じがします。

「好きです」という言葉には男女関係に限定されない場合もあるので曖昧で逃げ場がある。二人きりで男が女に囁《ささや》くのだから、口説き文句に決まっているのだけれども、いい言葉だと思います。

食事中でも、いろいろ会話がはずんできて、プライベートな心の裡《うち》を覗《のぞ》かせる言葉を呟《つぶや》いたときなどのタイミングで、「好きだ」という言葉を投げかけるのは効果があると思います。

たとえば、仕事をしている女性に、普通の人が見ているだけではない違った面を僕は理解している。仕事をしている顔と女性としての顔、どちらも魅力的で惹かれていると伝えられると、女性は一〇〇パーセント嬉《うれ》しい気持ちになります。

そこで、「好きだ」とストレートに気持ちをいうのは、悪くないですね。

女性は、そういわれると男性を強く意識します。心理学的にも、好意を持たれていると認識すると、好意を発してくれる相手に自然と好意を持つようになるものです。ですから、そこでこの人は下心があると不快に思ったり席を立つことはないと思ってください。

でも、こんな言葉を語れるのは、やはりバーですね。

デートの仕上げにバーに寄るのは必須だと思います。これが、クラブなどではそれまで積み上げてきた大人の高まりが、振り出しに戻ってしまう感じです。

■ホテルをうまく使う

そういう意味ではホテルはデートに向いてますね。待ち合わせも、高級レストランも、バーもそろっていて、移動もスムーズです。

面倒な移動がないほうがスマートで、せっかくのよいムードを途切れさせません。

銀座や六本木のような繁華街ではそれほど動かなくても次の場所へと移れますが、あちこち店を探しているとお酒が醒めてしまいます。もしくは、後述しますが、その日空室のあることを確認してあるホテルのバーやラウンジへタクシーでさっと移動する。

移動で手間取っていると、その間にいろいろ考えさせますよね。女性に考えさせる時間を与えるのはよくありません。雰囲気に酔ってその流れのままっていうのが、私は理想的だと思います。

ホテルへといわれると、ある種ドキッとはしますが、ギラギラと剝《む》き出しでなければ過剰な警戒心は起こらないと思います。

ホテルの好みでいうと、わたしはスタンダードな落ち着いた感じのホテルが好きです。迷路のようになっている、奇を衒《てら》った建築デザインのデザイナーズホテルがありますが、むしろ重厚なつくりのホテルが好きで、気持ちが落ち着きます。

最近は外資系のおしゃれなホテルがずいぶん増えています。女性は、そうしたホテルに行ってみたい、エスコートされてみたいと思っています。ですから、ホテルのバーへというのは食事の延長線上として誘って成功率が高い場所です。

バーへの誘い方は、まず、相手の都合を聞きます。

「このあと、少し大丈夫？　もう少し飲みませんか？」

もう少し一緒にいたいと伝える。

相手がいい雰囲気になっていれば承諾するのが普通です。

「ちょっと時間が」となると残念ながら、今回はここまで。撤退のときです。

このとき、女性がいろいろ言い訳をして、「この次はぜひ」となれば次回に期待しましょう。ここは勝負どころですね。


バーはどちらかというとカウンターのほうがよいでしょうね。

スカイラウンジで夜景を眺めるのもありだと思います。

いずれにせよ、「好きです」という言葉が出て、そのあとの展開は女性のそぶり次第でしょう。たぶん簡単には読めない。

基本的に初デートで…というのは、軽くみられたくないのでないかもしれない。

しかし、成熟した大人の女の場合、すでに身体は求めているかもしれない。女性によって大きく違うでしょうね。男性として、それを見極めるのは経験値だけが頼りです。

カウンターに座ったときの二人の距離や話をするときの顔の距離が近ければ、チャンスは大きいでしょう。

断られたらどうしようなどと、気持ちの揺れるまま遠回しに持ちかけるのは最悪です。

大人の男性は女性に精力的であったとしても、常に余裕を見せなくてはいけません。男性が何か余裕がなく焦った感じがすると、暑苦しくて嫌なものです。

だから、女性の部屋に招かれて、お茶を飲ませてもらっても、何かしなくてはいけないと悶々としてはいけません。そうした気分は女性にも伝わるものです。食事のあとでお茶を飲んだり、バーの片隅にいっていよいよ誘うとしても、まずはゆとりをみせる。

そうしたリラックスした態度に女性は心を許す。それから、どう展開するかは女性の様子をみているとわかるものです。

うまくいくかどうかは女性がどれぐらい心を許していて、警戒心を持っていないかどうかという点でしょう。トライするしかありません。

さらっと、「もっと一緒にいたい」「部屋でもう少し一緒に過ごしたい」と。

小さくうなずくか、「もうそろそろ帰らなくては」というか。

いずれにせよ、女性を家に送っていくことになって、最初のデートから「寄ってお茶でも飲んでいきませんか?」といわれるのを期待するのはやめたほうがよいでしょう。それに女性の家にいくというのはよくないと思います。その場合、完全に女性が主導権を握ることになります。はじめのうちは男性が主導権を握っていたほうが二人の関係がスムーズだと思います。

少なくとも、自分からは「寄ってお茶を飲んでいってもいい?」と訊くのはやめたほうが賢明だと思います。

女性にその気があれば、女性から「じゃあお茶でも飲んでいって」と絶対言うと思います。

送ってきてもらっておいて、「じゃあすみません、さようなら」って言うのは、ほんとに、その日は寝る気はないということです。送っていって、女性から声がかからなければ、そのまま手を振って帰りましょう。

■キスのタイミング

はっきりいって、最初のデートからセックスに持ち込める可能性は、女性がセックスに積極的なタイプか男性に憧れを抱いている場合はともかく、半分以下だと思っていたほうがよいでしょう。

女性は、警戒心がとても強い生き物です。

相手をまだよく知らない段階です。はじめから身体を許すと軽い女と思われるのを怖れているはずです。

ですから、一般に初デートでどこまで狙うかというと、キスまでできれば大成功と思ったほうがよいのではないでしょうか。

キスをするのに一番大切なのは上手なタイミングです。

「キスしなくちゃ」などと鼻息を荒くしていると、女性は察知してシラけます。バーやスカイラウンジで、話が盛り上がっているときなどに、人目につかないタイミングで。移動のタクシーの座席で。さらっとキスをするのは、意外に女性は拒否しないものです。

ただし、男性はキスすれば、セックスもできると思いこんでいる人が多いでしょう。けれど、女性にとって、キスは先に進むか否かの重要な分かれ道です。

唇を合わせたとき、わたしは全身全霊で「相手のすべて」を判断しています。その人の持つ、性的な感性、セックスの相性。そういった情報が、唇のタッチや近接したときの匂いなどからありありと伝わってくるのです。

わたしが「この人だ」と思う感覚は、その人の匂いをおもいっきり吸いこんで心地よくセクシーな気分に陶酔できるか否かです。わたしは息をひそめている野生獣のような「女の本能」が呼び覚まされて、そのフェロモンに刺激され、欲望を感じずにはいられなくなる。

キスした瞬間にこの人とその先まで進んでいいのかは、ほぼわかるものです。優秀な格闘家は、対戦相手と構えて身体を組むと瞬時に、相手の強さやタイプなどがわかるといいます。

同じように、キスに向けて唇が接近しキスした瞬間にもう、その人がどういう感性でどれくらいゆとりを持っていまの状況にいるのかが伝わってくるものです。

これは、ごまかしようがなく伝わってきます。これから始まるであろうセックスが、それがどう行われるかというのまで何となく想像できます。

ですから、キスするときは、素直でよいと思うのです。緊張してるのでしたら緊張してるままにで。時間とともにほぐれていくことですから、無理に取り繕ったりとか隠したりするエネルギーは非常に無駄に思います。そのままの気持ちを素直にキスとして表す。それが一番です。

キスの気持ちよい相手とはセックスも素晴らしい。これがわたしの経験から言えること。

■ホテルのキープ

ホテルの部屋のキープするタイミングは難しいところですね。空振りしたときの多少のムダは覚悟で、リザーブしておくのがよいでしょう。

もしくは、デートコースを組むときに、事前に空室をチェックしておいて、女性が承諾してから部屋をキープするしかないかもしれません。

その場合、チェックインする間、フロントで女性を待たせているのはスマートではありません。

部屋が埋まってしまい、とれなかったら…。諦めるか、他のホテルへ移動してでも関係を結ぶか。あとは女性次第。

マメな男性がモテるといいますが、事前にホテルの空室状況を把握しているくらいのマメさが大切なのですね

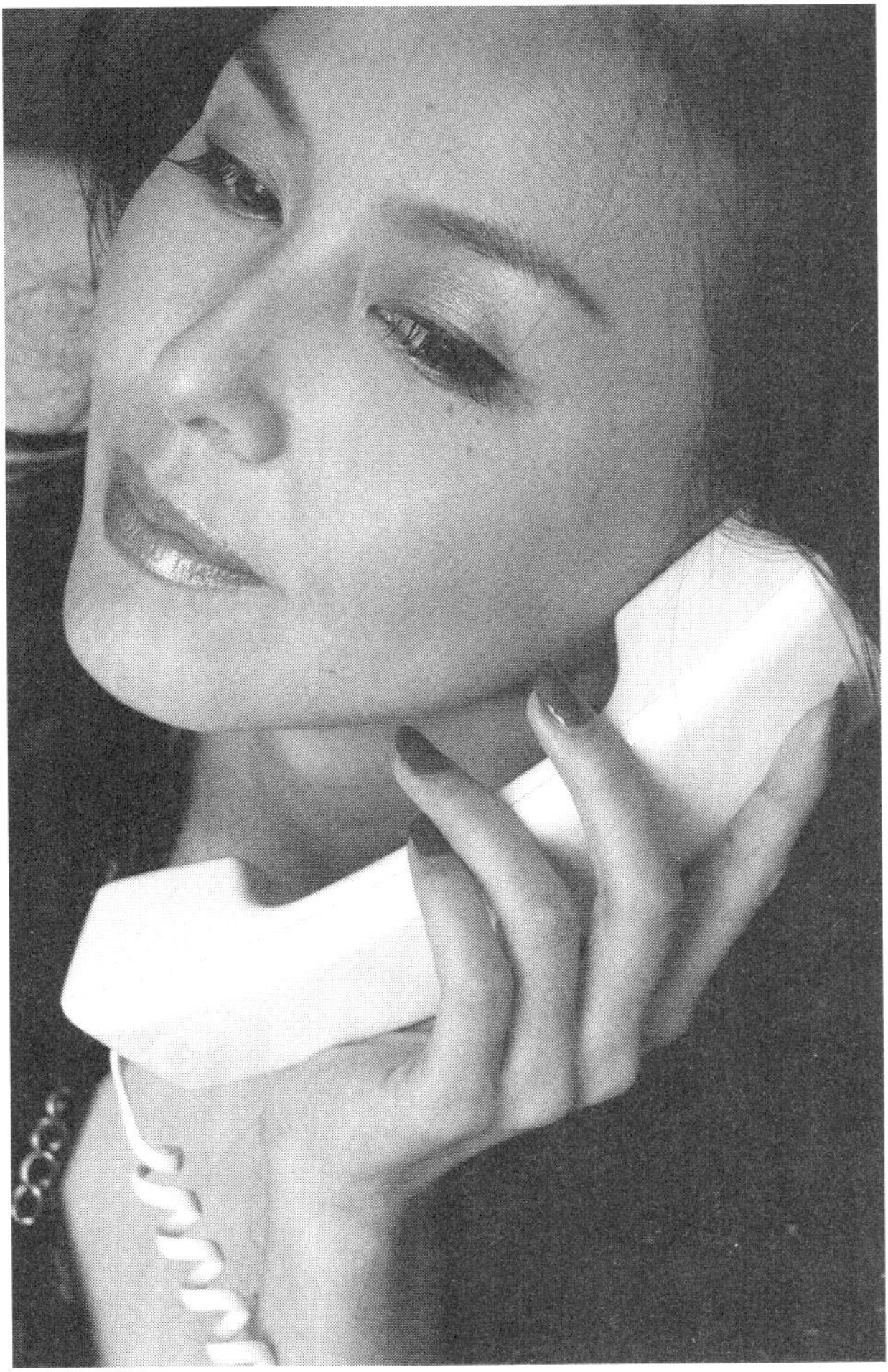

第三章　セックス導入編

■ホテルの部屋に入ったら

ホテルの部屋へ向かうことができれば、女性はほぼ了解しています。九割方。ただ、あとの一割は、その部屋のなかでどれくらい男性に余裕があるかという、ゆとりを見ています。

そこで、ゆとりのないガツガツしたところを見ると、九割までOKだったものが、ちょっと興ざめするかもしれません。

ここまでくれば、少しストレートに、自分のいろいろな思いを伝えちゃってよいと思います。もう部屋に来ているのだから、あんまりそこはオブラートに包む必要はないと思います。

女性も同じように、その彼とセックスしたいんだという気持ちがある程度高まっているはずです。

部屋に行くという時点で、もう女性のなかではいろいろな決心がついていること
でしょう。そこでどれくらい高揚しているか。それがマックス近くまで来ているのだったら、部屋の中に入った瞬間から、そんなに時間を要する必要もないと思います。

一方で、まだ、なんとなくムードに流されてついてきてしまっている場合もあります。ほんとに人それぞれなので、いかに気を読めるかが重要でしょう。

エレベーターに乗ってるときの相手の気配から、どれくらい女性が盛り上がっているのかを察知すべきです。深夜帯ならエレベーターの中でキスして盛り上がりをキープするというのもありかもしれません。

どう、ベッドに誘うかは、部屋に来るまでの段階で、女性がどれぐらい盛り上がってるのか次第です。

普通は部屋の中に入って、最初は女性も緊張していると思います。

どの段階で相手がそういう行動に出るのかと、非常に敏感な状態で待っていると思います。

いかに相手をリラックスさせるか。

効果的なのは、音楽をかけることですね。何か雰囲気を盛り上げるムードの曲をセレクションして流すことができるとよいでしょうね。

それなりのホテルにはオーディオセットがあるものです。

ＣＤを用意するか、ｉＰｏｄなどで音楽をかけるのもよいでしょうね。

無音よりも何かしら音楽があるほうがムードが和らぐものです。

特に、初セックスの前の緊張感は和らげておくほうが後々スムーズでしょう。

ここでテレビでも見ましょうというのでは全然発展しないことになる。

二人のテンション次第では部屋に入ってスグに抱きしめてベッドへというシチュエーションもあるのですが、少し飲み物を口にして話しながら過ごしたほうがいいのかなと思います。いきなりそのために来ましたみたいなのもちょっと抵抗があるものです。女性は最後まで言い訳が必要なのです。

飲み物を出すか、珈琲かお茶をいれるのもよいでしょう。

シャンパンでもう一度乾杯するのもイキですね。冷蔵庫にハーフサイズが用意されている場合もありますし、ルームサービスに頼むのもありです。

乾杯して、そのままキスに移行することもできますし。

広い部屋ならソファに並んで座ることになります。肩を寄せ合って、キスするのは自然でしょう。

高層ホテルの部屋なら、窓際で並んで夜景を見て肩を抱くなどでしょうか。

そして、ベッドに並んで座ろうものなら一〇〇パーセント、メイクラブの世界へ移行することになります。

部屋の灯りを絞って、表情が見える程度の間接照明にしてムードを高めます。

真っ暗でいくら美味しい料理を食べても味がわからないように、真っ暗はつまらないですよね。といって煌々とした灯りではムードをそぎます。

■男性の匂いは媚薬でもある

日本の女性は、ホテルの部屋に入るとシャワーを使わせてと言うことが多いようです。意外と潔癖症の人が多かったりですね。

でもわたしはどっちかというと本能派。

互いに高揚してそのまま成り行きでというときに、「ちょっとすいません、シャワー浴びてきます」というのではせっかくのロマンチックな高まりを中断してしまいます。成熟した女性は、わたしのようにシャワーなしでというタイプが多いと思います。

デートの前にシャワーを浴びておくのは男女ともエチケット。

セックスは、本能がいちばん大切。段取りより本能です。相手のことが好きだったら、そうした匂いこそエロティックな媚薬です。そんな感性がわかる人はかなり成熟している、濃厚な精神の持ち主ですね。

わたしにとって匂いはとても大切な要素で、性的な興奮に欠かせません。好きな男性の匂いはいわばご馳走なのだから、セックスの前にシャワーを浴びてしまうなんて、料理の匂いを消してしまうようなもの。匂いは食欲を刺激する。セックスも同じですね。

匂いフェチの人で、そこからいろんな愛情をキャッチする人は、けっこういるものです。わたしは、その傾向がかなり濃厚なので、匂いと愛情が直結しています。愛する人の体臭は「臭い」と紙一重なのだけれども、その中に女を惹きつける何かがあるのですね。因みに、人間にも異性を惹きつけるフェロモンはあって、それは嗅覚とほとんど隣り合わせの鼻腔でキャッチするそうです。

相手の首筋の匂いや汗の匂いなどを嫌だと思った時点で、それは愛してないということでしょう。とても好きだと思う人に対しては、その匂いも含めて愛しいと思うし、またそれが一つの興奮材料にもなると思います。

だからといって、いつも汗ばんでくれとは思いません。いつも清潔にしているうえで労働や運動などでかいた汗や匂いは不潔とは違うものだと思います。

清潔を保つのは大切なことなのですが、神経質になりすぎるべきではないと思います。

嗅覚はとても大切なもの。ですから、ホテルの部屋でベッドインするときになって、シャワーを浴びるのはどうかしら。

燃えあがるままもつれ合うようにベッドの上に重なってよいと思うのです。

一緒にお風呂に入るのを前戯とするのもありでしょうが、明るいところで裸を見られるのは女性には勇気がいるところがあります。

■男性の下着と準備

男女ともデートの前にシャワーというのは原則でしょう。

下着については、女性も一所懸命に飾ってきます。

男性もやはり女性に受ける下着にしてきてほしいですね。

絶対に白いブリーフは避けてほしい。昭和のお父さんのにおいがします。

一番受けるのはボクサータイプでしょう。特に中年以降の男性は体形をカバーする意味でもいい。色は黒でも何か柄ものでもよいでしょう。

カルバン・クラインのニット系のものなどが無難でしょうか。

またTシャツも大事ですね。白のランニングやオジサン下着は寂しい感じがします。白のTシャツか良質なインナーをつけてほしいところです。

■デート前の準備

コンドームを用意するのも紳士のたしなみでありマナーでしょう。

「コンドームつける？」と判断は女性に任せたほうがよいでしょう。

女性も積極的に、自分の身体を護ることを考えるべきだと思いますが、なかなか、普段から持ち歩いていたり、いざというときに「コンドームをつけてください」とはいいにくいものです。ですから、女性は、そうした男性の心遣いをうれしく思います。

不用意な妊娠やＳＴＤ（性的感染症）への怯えがなければ、女性は安心しておもいきりセックスに没頭し感じることができると思います。

わたしの場合は、特定男性としかセックスはしませんし、男性もフラフラした方はいません。ですから、ピル派なのでより濃厚なエロスを堪能することができるのです。

ただし、ピルを飲むのはわたしの個人的な意志です。ピルにはリスクもあります。男性が快感のために恋人にピルを飲めと強要すべきではありません。一緒に相談して決めてください。

互いの信頼関係が築けてからのこと。初めての関係や、つきあいが浅いときは、そうはいきませんね。

女性にコンドームをつけるかどうか、訊ねて、そう要望されたら素直に従うのが当たり前のマナーです。

■下着を脱ぐのもたっぷり楽しみたい

セックスに入る手順にこうでなければというものはありません。

雰囲気とその人のキャラクターによりけりでしょう。ただ、主導権は男性に持っていてほしいものです。

映画なんかでもよくありますが、お互いとても高まっていて、貪《むさぼ》り合うように野性的に始まるのもすごく素敵だと思います。

一方で、ゆっくりと時間が進んでいくような、じわじわとしたスタイルもある。

身体を合わせる前に着衣を脱ぐわけですが、やはり女性は男性に脱がせていってほしいものです。

複雑な洋服だったら、女性が脱がせやすくボタンやフックを少しはずすなどしたほうがよいでしょうが、基本は男性がやさしく脱がせてくれるというのが、前戯の始まりですね。女性は自分から脱ぐのではなく脱がされてしまった…ということにしてほしいのです。

そのときすべて脱ぎ去って、簡単に裸にされてしまうのはつまらない。

女性はデートのとき、そのときに備えて、エロティックなランジェリーも演出の一つとして考えてきています。

ですから、そのランジェリー自体も、男の人はやっぱり、視覚的に楽しんでほしい。興奮してほしい。

ゆっくりとその脱がせていく過程で男の見る快楽を存分に味わってほしいものです。

「セクシーだね」とか、言葉で褒めてほしい。

いかに完全に裸でないところのエロティシズムを楽しめるか、プロセスを楽しめるかがセックスの楽しみです。とにかく裸にしてやってしまえというのは最低です。

一方で男性は、上着ぐらいは女性が脱がせてもよいのですが、女性が脱がせるか自分で脱ぐかとくに決まりはないでしょう。

女性が男性のシャツのボタンをひとつひとつはずしていく、というのもセクシーかもしれません。

女性にとって下着はとても重要です。

男性のなかにも、ランジェリーを見てその女性を判断するという人がいます。

高級なランジェリーを着けているのか、それともけっこうリーズナブルなものを着けているのか、けっこうこだわっているのか、まったくどうでもいいと思っているのかと。

せっかく素敵な服を着ていても、いざというときに安物のランジェリーでは、その女性自身が安っぽく見えて抱く気が急に萎えたという男性もいるようです。

ランジェリーには、けっこう女の人の本質が表れるものです。

女性が着けているランジェリーと、その女性を比較してみるとおもしろいかもしれませんよ。

また、ランジェリーによって女性のエロティシズムの濃度や感受性が垣間見られるものです。

最近は、ランジェリーがすこし見える服などもありますよね。そういうときに、チラっと覗いたブラジャーの飾りなどから濃厚な色気がただよっていれば、これは女性のモチベーションも濃厚だと考えてよいかもしれません。

女性はたとえ、そういうことが起ころうが起こるまいが、自分がそういうものを着けてデートしているっていうのはとても高揚感があるものです。エロティックな気分になりたいのです。

わたしの場合、ランジェリーのプロデュースもしてますので、いつも勝負下着ですね。

そして、ランジェリー姿になったときに一番うれしいのは「セクシー」という言葉です。

着衣やランジェリーは一枚ずつ脱がしていくたびに、軽い愛撫があってよいと思います。

ブラジャーを外したら、バストにと。ゆっくりいろんな愛撫が始まって、そこからまたゆっくりじわじわと脱がせていくみたいなのがいいと思います。

また、裸にして直に肌を愛撫するのはできるだけ先延ばしして、服の上から、ランジェリーの上からじらすように愛撫するのも一つの手法だと思います。

布を隔てた愛撫のもどかしさがよい刺激剤になるのです。

とくに、ショーツは大事にとっておきましょう。ガーターベルトをしていたら、できるだけ最後まではずさないのがセクシーです。全部を露出しているより、一部が露出しているほうがいやらしいじゃない？　そういうエロスを男の人もぜひ大事にしてほしいものです。

わたしには、もし交際が深まったら、こんなことをしたいという妄想があります。コートの下にランジェリーだけを纏って彼のいるホテルに訪ねる。コートを脱ぐと、ランジェリー姿。それも小悪魔的な黒のエレガントなもの。そして、たっぷりと淫蕩に楽しむ…。セックスはファンタジーなのです。ホテルの密室ではそういう非日常的なエロスに耽《ふけ》るのもいいと思いませんか。

す。

■キスの味は繊細さにある

口説きのキスについては、前に触れましたが、ベッドインでもキスから始まります。

キスの感じから、わたしとは遊びか遊びではないのか、自分への思い入れがどの程度かなどがキスの濃厚さに出るものです。

おざなりで通り一遍ではない、微妙で濃厚なキス。

自分をどれぐらい求めてるのか、思ってるのかは非常にそういうところに出る感じがします。

それも自分の気持ちの盛り上がり次第だと思うのですが、自分の気持ちの盛り上がりに忠実でよいと思います。

焦る必要はないと思うんですよ。やはり、何でもそうですが、準備が必要だと思うので、いきなり一方的に舌を入れてくるというのはいかがなものでしょう。

最初はお互いの唇のふれ合う感触を楽しむ。また、お互いがキスするために顔を接近させて心を感じ合う。見つめ合ったり、感じ合ったり。あらゆるところの感触を、余裕を持って感じ合う。その発展型がキスなのだと思います。

ステキなキスというのは、キスの中に繊細さがあります。

気持ちがキスのなかにどれほど込められているか、それが繊細さです。

技巧的に上手なキスというものは存在するのでしょうが、そのキスが通じるのかといえば、遊びすぎててこなれた感じがいやだなと思われることもあります。

公式などありません。唇との触れ合い、周辺の感触、歯茎への舌のタッチ、舌のもつれ合いなど…技巧はあるのでしょうが、そういうテクニックを意識することは重要ではないと思います。

あえていえば、触れるか触れないかの絶妙なタッチ。その繊細さです。

唇と唇の触れ合った感触が心地いいかどうか、何かを感じるとか。男性のこの人の身体の匂いが合うか合わないかというのが一瞬で決まるのと同じく、生理的で決まった公式や結論のない感性の問題なのですね。

踊りの場合もそうなのですが、互いに組んだその瞬間に、心地よいか心地悪いかというのがすべてわかってしまう。

生理的で本能的な相性は瞬時に判明します。その最たるものがキスなのかなと思うのです。

キスについて、唇を重ね舌を入れて…と簡単に考えずに男性はもっと心を込めて情熱と繊細さを大切にしてほしいと思います。

■愛撫は遠いところから始める

かつてセックス・アニマルなどとも呼ばれたことのある日本の男性ですが、最近はどうも精力が減退しているようです。わたしとしては少々寂しく思います。日本人が性において技能的か精力的かはよくわかりません。ただ、若くても熟年でも、セックスについてマニュアルどおりこうしなくてはいけないという呪縛に雁字搦めのようです。

そうなると自分の気持ちが伴ってこない。

セックスの愛撫にしても、もう少し、素直に気負わず。こうしてあれしてと順番を考えるのはばかげています。

女性の身体は胸や局所だけではなく全体が性感帯だと思います。

それこそ髪の毛から頭皮から耳元から首筋から、手の先まで全部がそうだと思い

第三章　セックス導入編

ます。背中やお尻には感じるポイントがたくさんあります。アンダーヘアの生え際などもとても感じる場所です。

女性の身体すべてを、なるべく直接的な性感帯からいかに遠いところから攻めていくのかが大切だと思います。

時間を短縮してはいけない。とにかく、急いで挿入し合体することが最終目的なのではなく、いかにその女性をリラックスさせて感じさせるか。高みにまで引き上げるか、そのトータルが目的なのです。そこを短縮、近道してほしくないというのが女性の気持ちです。

最初から女性をイカせようと強い刺激を与えての興奮と、フェザータッチでとにかくじらしながらじらしながら時間をかけてじっくりと興奮度を高めていってくれるのとでは、まったく違います。

明らかに時間をかけたフェザータッチのほうが高い興奮にまで達します。ですから、刺激は徐々に与えていけばよいのです。それで十分女性は感じるし、そちらのほうがかえって深く感じやすいのです。

愛撫はフィンガータッチが中心になります。ひと差し指と中指、そして五本の指すべてが、ソフトにフェザータッチで愛撫していく。利き手があるように利き指というのがあって、愛撫で効果的な動きをする指があるように思えます。

基本は産毛を逆立てるように、末端から中心へ。手の先から根本へ、足先から付け根へ、背中でしたら下から上へという具合ですね。でも、あくまで女性の皮膚を通して気の交流をするくらいのつもりの繊細なタッチです。

また、かならずしも身体の前から抱きしめなければいけないものではありません。

女性は背後から抱きかかえられ、じわじわと愛撫されると非常に感じやすいモードに入ると思います。

対面しているとどうしても最初は緊張してしまいます。

身体を横たえても上向きだけでなく、うつぶせにされると何かこうリラックスできるものです。相手が見えないことで身を任せるようになる。それが心地よく、リラックスできるスタイルだったりします。

むろんバストの双丘は女性を愛撫する重要ポイントでしょう。しかし、胸にいくまでにできるだけ時間をかけたほうが、わたしはよいと思います。

局部への愛撫の場合も、まず、周辺を丁寧に時間をかけて刺激してください。急にクンニリングスを始めなくても、顔と顔が近くにあって、指技で局部の周辺へタッチするところから始めたほうが、安心感があるかもしれません。

女性の下半身の丘の盛り上がりや、恥毛の感触、おしりの丸みや張り具合など、男性の楽しみはたくさんあると思います。

それらを、上手に言葉にしていかに素晴らしいか褒めて、そして味わっていってほしいと思います。

愛撫については、とにかく最初から強い刺激を与えては絶対いけません。

あくまでもフェザータッチに徹するということが基本です。フェザータッチの非常に繊細な動きで時間をかければかけるほど、女性の興奮は深まっていくものです。

そして、フェザータッチのなかで、女性の興奮度を見ながらときどき若干強めに刺激します。たいていの女性は強くは好まず、繊細な愛撫を好むと思ってください。

そして、時間をかければかけるほど、女性の興奮は高まっていきます。

ほんとうに時間をかければ女性も痙攣したみたいな、ビクビクと全身が電気が流れたみたいなところまでイケるものです。

そこまでもっていくというのは男性にもエネルギーが必要です。

それには、さほどのテクニックはいりません。テクニックよりも繊細に女性を愛撫し、時間をかけることです。ここを省かなければ難しいことではないと思います。

■唾液をエロティックに活用する

舌遣いでもソフトタッチが基本です。

カラカラに乾いた舌で嘗められるよりも、唾液でしっとり潤った唇や舌で愛撫されたほうが、はるかに気持ちいいのは当たり前です。

何よりも摩擦が少ないし、ヌルヌルした感覚は誰しも本能的な感覚を呼び覚ます働きをします。

オイルマッサージだって不思議なくらい気持ちいいものです。

彼女の身体を愛撫するときにも、たっぷりの唾液を含ませて皮膚を濡らし、舌全体で輪を描くように刺激すると、なめらかな感触にうっとりしてしまう。

そして、女性器を愛撫するときも、すでに愛液でたっぷり濡れていれば問題はないけれど、潤いが足りない場合には、男性が自分の唾液で潤いを補ってあげれば、

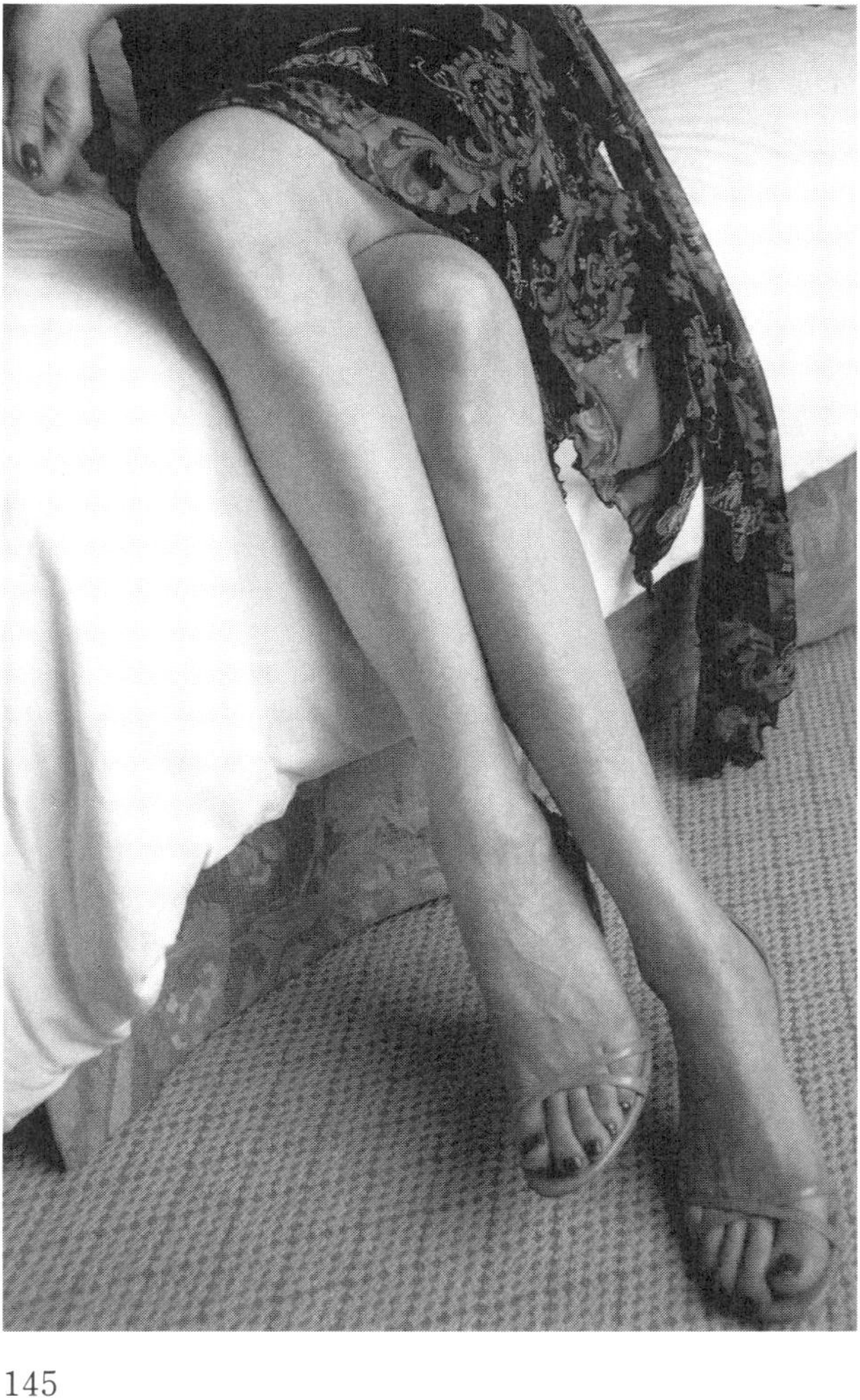

いざ挿入するときの潤滑剤代わりにもなります。

もちろん、クンニをする場合にも摩擦が少なくなるメリットがあるし、音を立てながら口や舌で局部を愛撫すると、その卑猥な響きのために聴覚から興奮を得ることもできます。

これは乳房や乳首を愛撫するときも同じです。

これは、それこそマニュアルのようにして、頭のてっぺんからつま先まで全身を嘗めつくし愛撫しろとか、やたらめったら長ければよいというものでもありません。なりゆきや自然な時間の流れでしょう。

それでも、最低十五分くらいはこうした周辺や全身への愛撫に時間をとってほしいというのが女性の気持ちですね。

もし、ローションの用意ができていたら、バスで、またはベッドにタオルを敷いてローションでマッサージというのもよいでしょう。ローションが皮膚を粘膜に変えてしまい、それこそ全身が性感帯のように敏感に刺激に反応します。
女性は性的な刺激で高まることには貪欲です。決して嫌がらないはずです。
けれど、ローションを使う場合は体が冷えやすいので充分に気をつけてください。
体が冷えると感度は下がるものです。

■セックスの間も言葉は大切

全身への愛撫は、女性の感じる部分の探求でもあります。

愛撫のときでも、二人の間には言葉が必要です。

セックスしている最中、ただ黙々と、一言も発しないままなどわたしには耐えられない。ＳＭではない通常のセックスでも、やはり言葉を交わすことはとても大切。

相手の女性がどこでどう感じているか本当に知りたくて彼女を心から満足させてあげたいと思うなら、言葉できちんと確認してあげるのも重要な愛情表現です。

女性にも、欲望や興奮を非常にオープンに表現していく人と、照れや恥ずかしさから表現できない人といます。こういう恥ずかしがり屋の女性は、聞かれても答えられないこともあります。

そんなときは、彼女の身体の反応や喘ぎ声に神経を集中させれば、彼女の感じどころはおのずとわかってくるはずです。

でも、ある一定のところまで高まっていくと、自然と身体の動きに何かセクシーなくねりが出たりとか、吐息が洩れたりとか、それこそ濡れてきたりとか、いろいろな変化が出てきます。

そのギリギリまで女性の興奮を高めることができるか。挿入の前に女性の興奮をどこまで高めることができるかが、男の人の勝負ではないかと思います。だから、女性の反応状態をいつもみながらそれこそ繊細な楽器を演奏するように、あるいは女性の身体と対話するように扱っていく必要がありますね。

ただ、注意したいのは男性側の言葉かけが一方的になってしまうケース。

「ここが、気持ちいいの？　ここは？　ここは？」

と訊ねても、本当の相手の応えを求めていなくて、自分の発した言葉に酔いしれているだけ。女性は置いていかれた感じがして、みるみる冷めてしまいます。

相手を褒める言葉や相手を好きだと思う気持ちをストレートに言葉にしていく。言葉が五感を通して興奮させる一つのエッセンスとなっていくものです。日本語で表現するのは難しいかもしれません。しかし、思ったままにセクシーな言葉を投げかけられるのを女性は喜ぶものです。

直接的でいきなり下品な言葉を発せられるのはいやなものですが、なんて魅力的なのだとか、興奮しているんだということを、なんとなく伝えてもらえると、女性自身の興奮も高まっていきます。

言葉だけでなく、息づかいなどで男性の興奮が伝わるのは、女性にとっても刺激剤になるのですね。

彼の問いかけに答えて、女性が自分の正直な欲望をさらけ出してみて。そうすれば、二人のセックスはより充実したものになるはずです。

女性が男性に愛撫するときも会話は重要です。お互いにどこが気持ちいいか確認しあうことは、必ずよい結果を生み出します。

わたし自身も、セックスの最中に、時々こうしてほしいと言葉にします。

そこで、リクエストに応えるのもよいのですが、言葉責めを織り込まれながら、なかなか言うとおりにしてもらえないのもよいものですよ。

ベッドの中で物語を演出し、いろいろな言葉で世界をつくり、その世界の登場人物になりきっていろいろなセックスを楽しむというのもありです。お互いの情欲をかき立てるためなら、ベッドの中ではどんなことを言っても許されるのです。

■愛撫で一度、イカせるくらいに

大事なのは、セックスの主役は男性のペニスではなく女性であり、いかに女性が高いレベルまで感じることができるかということです。

快感を与えるのは男性です。男性の性の喜びは女性にめくるめく快楽を与えられたか、そこに満足を覚え、最終的にフィニッシュまで一緒に達するかということでしょう。

そのお返しとして女性も男性に快楽のお返しをするというギブ・アンド・テイクな関係なのだと思います。まずは男性がリードして与えていかなくてはなりません。

女性は、身も心もエロティックなモードになってセックスに酔いしれるようになるまでに時間のかかる生き物です。

男性はセックスにたっぷりと時間をかけることを心がけるべきです。

女性は、男性によってしか開発されていかないのです。女性もマスターベーションで性感のトレーニングは必要ですが、深い女性の歓びは、どういう男の人といままで出会い、深くつきあってきたかで開発されてくるものです。

そのため、男性には女性に快楽を与えることを喜びとしてくれる精神がないと、女性も開発され性的な幸福を得られない。もちろん男性のひとりよがりなセックスでは、絶対に女性は開発されていかないものです。

男性の性の欲望は、早く挿入して絶頂の快感を味わいたいのでしょうが、急げば急ぐほどショボい快感しか、あっけない快感しか味わえないままで終わってしまいます。

肉体の構造からして女性は、ペニスを受け入れて、なおかつ気持ちよくなれるには、もちろん人によって異なりますが、相当の時間がかかります。

舌や指をふんだんに遣った前戯で一度絶頂に達せさせるくらいの心がまえでないと、よいセックスはできません。

女性の快感には二種類あって、クリトリスによる快感と膣の中で得る快感です。二つの快感は全然種類が違います。これくらいのことは、男女を問わずたいていの人は知っています。

どちらかというと、膣内の快感よりもクリトリスのほうが早く得やすいものです。膣内での快感は、得られるようになるまでに比較的時間がかかる。もちろん個人差はあるけど、20代の若い頃はまだまだわからないことがふつうでしょう。

でも、日本人女性の多くがある程度の年齢になっていても、膣内で感じることができないという話をよく耳にします。いかに日本人男性が、女性の心と体を開発するのが下手くそかという結果のような気がするのです。

クリトリスを指や舌で刺激された快感でオーガズムを感じた後こそ、挿入による快感でさらに高みへと導いてあげることができます。

同じ挿入でも、指とペニスは全然違う感触ですし、じらしのテクニックを用いるなら指から徐々に攻めていくのもいいでしょうね。

男性は一回のセックスで一度しかイケませんが、女性は本来何度でもイケるのです。ですから、男性は挿入の前に、女性を一度オーガズムに導いてあげることを目標に頑張ってみてはどうでしょうか。本当の深い絶頂感は局部に刺激を与えれば引き出せるものではありません。言葉や繊細な愛撫、指先から発する気のようなもの、それらが女性の体の奥深くに隠されているツボに達したとき、女性の身体は心とともに開くのです。


わたしは、絶対にイッたふりはしません。そもそも、そんなことは無意味ですし、イッたふりでは、男性のセックスは成長しません。それに何よりも、二人の関係も深まりません。ほんとうに快楽やセックス、そして相手との関係に真面目で前向きで貪欲であれば、やはりフリをしてはいけないと思います。

わたしもすごく若い頃はそうでしたが、よく、女性はせっかく頑張ってくれている男性に悪いと思ってイッたフリをするようです。また、不感症と思われるのがいやというのもあるでしょう。

今となって思うことですが、そんな女性のフリに気づかないこと自体が男性の未熟なのですね。

お互いが正直になり、相手に心を傾け一生懸命心に求めあえば、少なくともステディな彼女のことはわかるようになるはずなのです。

今感じはじめたとか、どの程度感じているとか、声や言葉に出さなくても、その感触や気で感じることが可能です。

もっとわかりやすいところまでいくと、自分の意志ではできないような、体の底からゾクッとするような震えが湧き起こったりします。そこまで高められたら最高でしょうね。

本当に一回目でお互いに最高のセックスをしようというのは、かなり難しいことだと思います。次に期待できる人だと感じてもらうことが重要だと思うのです。そうやって回数を重ねるごとに、相手の体や心から新しい発見ができれば、二人のセックスは進化していくことでしょう。

■クンニできないのは男じゃない

世の中には、妙に潔癖症でクンニリングスに抵抗のある男性もいるようです。そんな男はサービス精神の欠如という意味で、情が薄い感じがします。

確かに、クンニは女性のフェラチオと同様にエネルギーのいる愛撫だと思います。セックス全般にいえると同様に、これが絶対というのがないと思いますから、絶対にクンニすべきということはいいません。

しかし、ほんとうに女性に感じてほしい、彼女とよいセックスをしてよい関係を築きたいと思えば、そのエネルギーを出し惜しみすることはないと思います。相手を本気で愛し、愛されたいと願うなら、むしろそれは喜びなはず。

わたしだって相手を本気で愛していれば、可能なかぎりどんな要求にも応えたいと思うし、相手が喜んでくれたり興奮したりするのは自分の喜びでもあるのです。

男性も女性が興奮を高めていくことに興奮してほしいものです。

もし、セックスにおいて、肉体的に体力的に精力的にコンプレックスがあるとしても、クンニという愛情の表現がそれらをカバーすることでしょう。

女性の強弱の好みを反応を見ながら、男性はその技を磨くべき。必ず女性を満足させることができるはずです。

■フェラチオは女性主導で

男性はクンニを断固すべきなのに対してフェラチオについては女性主導で考えるべきでしょう。オーラルセックスに関して女性には、コンサバな人もいます。恋愛が深まってからならよいが、一回目からはと思う人もいるようです。それは、きっと愛が伝わっていない段階であると、自分が性的快楽の道具のように扱われているのではと危惧するからだと思います。

それに対して男性からのクンニは、愛情や誠意を感じるので、初めてであっても比較的受け入れやすいのではないでしょうか。男性は、一回目はサービスすることに徹してください。

もし、その女性が積極的な人で、能動的に求めてくれる人ならば、女性からしてくれることもあるでしょう。その場合は、うぶな大和撫子ではなかったなんてがっかりすべきではありません。むしろ、愛と性に一生懸命な女性だと喜ぶべきでしょう。

また、女性が非常に能動的な人だとわかっていたら、相手とのコミュニケーションをとりながら、ソフトに要求してもいいのかなとは思います。

さて、男性のための前戯のハウツー本はたくさんあるようですが、そこで紹介されているのはあくまでも「サンプル」で、どんな女性でも悦ばせることができるという万人共通のものではないと考えたほうがよいでしょう。

女性の感じ方なんて、一人ひとりほんとうに個人差があります。ですから、参考程度にしてハウツー本を鵜呑みにはしないことです。彼女の心と体に集中して、その微妙な変化や反応を感じとり、自分と彼女だけのオリジナルな愛撫や流れをつくっていってほしいものです。

試行錯誤しながら、彼女の心と肉体を探究し、感じるポイントを発見して彼女を開発することは男の最高の喜びであり、セックスの醍醐味です。

ただし、やはり基本はあります。女性によって千差万別ではありますが、基本中の基本を参考のために述べましょう。

まず、クリトリス。ここはとても敏感なポイントですが、前にも述べたように、局部以外の性感帯への愛撫で、充分に女性の心と体を解《ほぐ》していく必要があります。その過程で局部の潤いが充分に満たされたら、徐々に局部への愛撫に移行していく。

最初は指先で、その潤いを利用して滑らかに優しくタッチしてください。この時点では、まだまだ決して強い刺激は与えないように注意すること。やわらかに、あくまでも微妙で繊細な動きで、ゆっくりと時間をかけることです。そのほうが、いきなり強い刺激を与えられるより、女性はじわじわと深い快感に落ちていけるものです。

そして、次に舌を遣う。こちらも指先同様、舌先でどこまでも優しくソフトな動きを心がけること。よく強い刺激をガンガン与えれば女は感じるなんて思っている単純な男性がいるようですが、そんなものは女性の生理を無視した男の勝手な思い込みであり、下手クソというしかありません。

最初はソフトにソフトに。女性の体がソフトな刺激に慣れてきたところで、時には小刻みにバイブレーションを加えてみるのもいいでしょう。しかし、どこまでもソフトであることを忘れてはいけません。触れるか触れないかくらいの微妙なタッチであったり、その強弱は最低でも三段階は必要です。力任せになんていうのは、とんでもありません。女性の潤いが溢れてくるのを待ち、いよいよ絶頂に達しそうになったころ、初めてその刺激を若干強めていいくらいです。男性の感性であえてじらしてソフトを貫くのもあり。そこは男性のセンスです。セックスは料理と同じで感性とセンスが必要なのです。

膣口付近についても同様です。女性の膣内はとても繊細で傷つきやすい。充分に潤っていないのに指を挿入したりしてはいけません。ほんとうに膣の浅い入り口辺りを優しく指で触れる程度にすること。奥までの挿入は、充分に潤いを感じてからにしてください。

女性の潤いは大切な目安です。確かに潤いが少ないタイプの女性もいるでしょう。その場合も、男性は焦らずゆっくりと待ちます。男性が焦ると女性もプレッシャーを感じ、ますます心も体も閉ざされてしまいます。とにかく、本丸へは急がないことです。

クンニの場合は、唾液という潤滑剤が利用できて、舌のほうがやわらかくタッチできるからということで好きという女性もいます。一方、指使いでも十分に繊細なタッチができるなら、それも気持ちいいと思う女性もいます。指も舌も、両方のコンビネーションで感じさせることができたらいいですね。

続いては膣内のエクスタシーです。十分に潤ってきたところで指戯をほどこすわけですが、いわゆるGスポットは膣口から少し入って第二関節を曲げたお腹側にあるとされていますが、そればかりを探し当てることに執着するのはよくありません。同じように刺激を与えたとしても、女性はそのときの体調や環境や精神状態で、必ずしもそれをよしとはしないものです。あくまでも、相手の反応を見ながら、さらに攻めるべきか否かを判断することです。

何度も繰り返しますが、ある程度潤っていても、いきなりの挿入自体で感じる女性は非常に少ないものです。よほど肉体的に開発されている女性やもともと感受性の強い女性でないかぎり難しいものです。ですから、口にしないまでも、女性がほんとうに挿入を求めはじめて心身が解放され興奮が高まった状態でないと、深い快感を与えることはできないわけです。挿入までの愛撫に全身全霊を傾けてください。小手先では通用しないのです。

それは、男性にとっても同じことで、挿入することばかりを急いだ、精神が伴わない局部の摩擦による快感は、つまらないはずです。ほんの一瞬の虚しいお粗末な快感にすぎません。精神的エロティシズムの充足感は満たされないでしょう。

忘れないでください。快楽は精神が伴うと何倍もに増幅してくれます。

挿入までにイケない女性は、それを急ぐと挿入後なおさらイケないものです。そこをわかってくださいね。

昔わたしが書いた『官能小説家R』という小説があるのですが、ストーリーとは別の〝いかに挿入までを焦らすか〟という裏テーマのある小説でした。機会があれば是非読んでみてください。

さらに、女性によっては一口に愛撫といってもいろいろな好みがあると思います。ときには男性の欲望を素直にぶつけてみて、相手の反応を見てみるのもいいでしょ

う。ただし、女性の反応によく注意を払わなければいけません。うまくいけば新たな快感を共有できますし、ダメそうならすぐに方向転換してください。

男女の関係が深くなるにつれて、これらの性感を一緒に探求したり、新たなスタイルやプレーを冒険する。それこそ性の醍醐味でしょう。女性の喘ぎ声や震えや言葉や表情で、男性はリードの仕方を臨機応変に変えることです。車の運転もそうですよね。天気や交通状況によって選ぶルートやスピードも変えるはず。どんな状態でも、助手席に乗せた女性を心地よく目的地まで運ぶように、セックスも心地よくリードすること。それがリーダーとしての男性の腕の見せどころなのです。

お互いに感じている感覚や度合いやいかに素晴らしいかを言葉にして、セックスの最中にお互いを盛り上げるコミュニケーションができればいいですね。特に男性は積極的に言葉で伝えてみてください。セックスは、成熟した二人の関係を築くために不可欠なコミュニケーションなのです。

第四章　セックス・クライマックス編

■最高のセックスでは涙が出てくる

じっくり時間をかけて女性が十分に心身ともに準備ができ、すでにオーガズムに達している。身を委ねはじめているのが息づかいなどでわかってきた。

そこでの挿入と合体は素晴らしい瞬間ですね。

一回のオーガズムによって、確実に心は解き放たれます。

そうなると女性はどんどんと性感の高みへと昇っていきます。

何度もイカされているうちに、女性は大胆になることへの抵抗が薄れていき、完全に相手に身を委ねるようになります。オーガズムの瞬間、ときには相手と魂が触れ合ったと感じるほど精神的に深く交わることができたとき、女性は自然と涙が出ることもあるでしょう。

さまざまなセックスの感動…喜び、切なさ、愛おしさ、狂おしさから溢れる涙です。

心の底から満たされる幸福感。男性の心の熱や振動が女性の琴線に触れ、理屈ではなく、熱が心に伝わり、振動が心の襞を揺さぶるのです。そんなときは、文句なしに「彼を愛してる」と心から実感できる瞬間なのです。こういう感動は、体だけのエクスタシーではムリ。肉欲だけではここまで深い快楽は得られないでしょう。

愛する人と心も体も一体になってつながっている。その実感が脳に刺激を与えエクスタシーを感じさせているからだと思います。

ずいぶん若い頃ですが、バラエティー的なくだけたインタビューで「性感帯はどこですか？」とたずねられて「脳です」と答え、脳みそそのものと私がジョーダンで返したと理解されたことがあります。私は意外と本気で〝想像力〟という意味を込めていったのですが、その真意は理解されなかったようでした。

さて、そうした感受性は何よりもセックスに大切なものです。女性の涙に劣らない表現で、相手にその感動を伝えてほしいものです。

■体位はころころ変えない

性交での体位についても女性中心の考え方をしましょう。

男性がリードする場合、まずは正常位で体を密着させるところから始まると女性に安心感を与えます。

因《ちな》みにわたしの場合は、抱き合って相手の表情を見て愛《いと》おしさを感じたいと思いますし、相手の体温や肌の匂いを感じていたいという願望があるので、体と体を合わせるのが感じやすいかもしれません。

結合してからの展開についても、相手を気遣いながら、彼女が今どういう状態にいるのかをキャッチすることが大事です。お互いに上体を起こし座るスタイルがいいのか、男性だけが上体を起こしたほうがいいのか、体と体が密着しているほうがいいのかなど、女性の体の仕組みによって違うのです。

たとえばこういうスタイルもあります。女性をうつぶせにして、背後から優しく包みこむように抱き、ベッドと彼女の体の間に手を滑り込ませ、局部への愛撫をほどこす。女性は、自分の背中に彼の温もりを感じたり、首や耳元に彼の吐息を感じたりします。女性が後ろに腰を突き出したりよじらせたりする様子を男性は楽しめるでしょうし、女性もまたその姿勢だと真正面から見つめられてるわけではないので理性から解放されやすいし、男性が与えてくれる繊細な指戯に集中しやすいと思います。その結果、女性が十分に解放されたら、そのまま優しく挿入する。

もちろん、これもあくまでもサンプルにすぎません。

同じ体位である程度時間をかけ、相手の反応を見ながら、続けるのか次にトライするのかを決めるのです。違う体位にチャレンジすることは、精神的な興奮をかき立てる場合もありますから、慎重に試してみるのは悪くありません。けれど、男性の好奇心だけでころころ体位を変えるのは、せっかく感じはじめた女性の快感を妨げてしまうことになりかねないのです。

ゆとりをもって進めていくことが大切ですね。

セックスで一番いけないのは力んでしまうこと。挿入したら最後までそのままピストン運動なのかといえば、そうではないと思います。時には動かずにじっとその感触を楽しんだり、もう一度舌や指での愛撫に戻ってみたり、リラックスしてゆっくり楽しんでみるのもいいでしょう。動かず静かにお互いを感じあうことで、その制限された状態が余計に快感を増幅させたりするものです。

そして、もう一つ。よくいわれることですが、女性が自分で性感を追求しコントロールする場合にエクスタシーを得やすいのは騎乗位です。騎乗位は、女性の好きな角度や強度すべてを調整できます。しかし、これはやはり能動的な女性でないと難しいようにも感じます。

女性にはそれぞれ「この体位では絶対にイカない」という体位があります。気持ちはいいけどイクまでには及ばないのです。

その辺りを把握できれば、十分に女性を感じさせることができるでしょう。焦らずスローを心掛け、じっくり観察し、そうした中の新たな発見の積み重ねが大切なのです。

セックスの相性が良いか悪いかは、そうした発見をお互いにできるか否かで決まります。ほんとにセックスの相性が良ければ、多少のことではなかなか別れに至らないものなのです。セックスが、それほど大きな影響力をもっていることを忘れないでください。

■セックスでは強さよりも感受性と優しさを

前にも述べましたが、激しいピストン運動はあまり必要ないと思います。それが必要なのは、女性の興奮がマックスに達したときにのみです。

派手な体位も必ずしも必要ありません。今の若い世代は、アダルトビデオが性の参考書になっている場合が多いと聞きます。時に、大人の男性さえもそうかもしれません。しかし、あれは見せるセックスであって、二人が楽しむためのものではないわけです。あそこから知識を得ていると間違った方向に行ってしまうと思います。見せるセックスというのは、当たり前ですがやることが派手です。ですから、二人の体がぴったりとずっと密着していたり、繊細で微妙で単調な愛撫が続くようなシーンもないはずです。密着していると女性の体が見えませんし、繊細な動きだと何をやっているかわかりにくいんでしょうね。

実際のセックスでは、女性の体はそんな派手なことを求めていません。

アダルトビデオでころころ体位を変えるのは、男性視聴者に楽しんでもらうためだけの演出なのです。

あくまでも女性を主体として優しく扱いましょう。あえて乱暴に扱うのを許されるときは、相手が喜ぶという前提があるときのみ。それでも、計算しながら気遣いながら荒々しくすることを忘れずにいてください。

ピストン運動を含め、激しさ強さが、男の強さの証明みたいに思ってほしくありません。

強くいてほしいのは、何かトラブルがあったときだけ。トラブルへの対応力イコール男力なわけです。そういうときに精神的な強さを見せられると、男らしいってうれしくなりますが、セックスのときにはあからさまな男らしさや強さは無用です。

セックスに必要なのは、相手の思いを感じて受けとめ理解する繊細な感受性と優しさと包容力なのです。

■後戯の大切さ

二人で昇り詰めたあとこそ女性にとって愉悦のときです。

そばに寄り添ってイチャイチャしているときの女性は、まだファンタジックな興奮の余韻を引きずって夢心地のままです。そういうときの女性は、まったく無防備な状態。そして、いつもとはまったく違う美しさがあると思います。

対して男性の高揚感は生理的に射精したとたん急速にしぼんでしまいます。ここで、お互い時を共有して楽しめるかどうかは、男性の心の豊かさと愛の大きさの問題でしかありません。

女性の気分を気遣い察して、一緒に余韻に浸ってくれる、そんな優しさに愛を感じるのです。無理やりそうしなければならないとか、少しでも面倒と感じるなら、彼女に対する愛に問題ありと見ていいでしょう。本当に愛していたら、いつまでも寄り添っていたいと自然に思うものです。義務感でされてもちっともうれしくありません。

本当にいいセックスができれば、終わったあとも、二人で一緒にその快感と愛の余韻に浸り、幸福感を共有できるものです。

自分によって狂おしく感じた女性を愛おしく思い、自然にキスしたくなったり、乳房に触れてみたくなったり、時には再びクンニしてその恍惚とした表情をもう一度見たいと思ったりするものです。

気持ちを込めて穏やかに彼女の体に触れ、ゆったりと会話を楽しんでください。素晴らしい後戯になるはずです。

そして、忘れないでください。お互いに与えあった快楽について、ちょっとした感想や褒め言葉をかけることを…。

深い快楽を得た女性の、あなたしか知らないそんな美しさを、愛をもって見つめ

「可愛い」「きれいだ」と言葉にしてみてください。

そんな言葉の魔法で、女性はいくらでも可愛くなれるし、素直になれるし、「また、この人に抱かれたい」と思うはずです。

■欲望は素直に口に出しましょう

セックスにおいては男も女もしがらみやつまらない常識、タブーから解放されるべきだと思っています。

どうしたいとか、こうしてほしいとか、どこが感じるとか、素直にパートナーに伝えることです。そして女性のそれをなんとなく聞き出すことも大切ですね。嫌なことや感じないことを一生懸命したりされたりしても、空回りするだけだし、しまいには苦痛にしか感じなくなりどんどんセックスから遠のいていき、セックスレスになりかねないわけです。

しかし、いくら素直にといっても、特に男性はそうですが、否定されるのが嫌いだし傷つくみたいですね。ですから、お互いに、「これは感じないからやめて」ではなく「こういうほうが好き」とか「このほうがもっと感じる」とか、否定的な伝え方ではなく、お願いというニュアンスのほうがよいでしょう。女性に甘いおねだりみたいに言われたら、男性も嫌な気にならず素直に受け入れられたりするのでは。

そういう女性からのリクエストをちゃんと受け止めてほしいですね。外では紳士的なレディーファーストでも、ベッドで傲慢ではがっかりです。

■よい関係を長持ちさせる方法

セックスは同じ相手でも、状況や体調や心の状態などで、快楽の種類が違ったり微妙に感じ方が違ったりすると思います。

そうしたセックスの微妙な変化を感じて気遣いあうことが大切です。

お互いの性的嗜好を探りながらお互いを把握できたら、セックスに変化を持ち込むのもありでしょう。やはり、変化のないマンネリなセックスでは飽きてしまいますし、飽きると心は鈍くなり、同時に体も鈍くなって快感が半減してしまったり。ときめきを失わないように、飽きないように、いいセックスの快楽をパートナーと共有し続けるには、お互いの努力が不可欠です。

どんな美味しいコース料理だって、そればかりじゃワクワク感も美味しさも感じなくなるようなものですね。

たとえば、ホテルで落ち合い、いきなり衝動のおもむくまま貪り合うようなセックスとか、時々変化球を加えてみたほうが新鮮で楽しいものです。そうした変化を試みていかないと長続きしないと思います。セックスにバリエーションをつけることは、大人の知恵と想像力が必要です。

バリエーションのもう一つとして、ソフトSM的な要素を持ち込むのもありでしょう。むろん、信頼関係が培われてからの話です。お互いにもっと高みにいきたいという気持ちが一致したときに、そういう趣向を試みてみる。

目隠しをする、手首を縛ってみるなど、軽いSM要素をスパイスとして二人のセックスに取り入れてみるのもいいでしょう。

バイブなどの性的な道具を導入することもありでしょうが、これはよほど信頼関係が成立したかなりつきあいの長い男女がさらに新たな刺激を求める場合や、男性に体力的な問題がある場合に望ましいものだと思います。マンネリ化させないためには、新鮮な気持ちになれるよう心に刺激を与えていくことが何よりも大切なのです。

心への刺激は、もしかしたら場所の変化かもしれない。さらには二人のセックスに第三者が加わる複数のものかもしれないし、スワップかもしれない。刺激的なパーティーへの参加だったり、ときにはジェラシーをかき立てたり、想像力を助けてくれるあらゆるシチュエーションに身を置くことで、今まで知らなかった相手のエロティックな側面が見えたりするのです。そして自分でも気づかなかった自らの本当の欲望や嗜好さえ見えてきたりして、また新たな背徳の扉を開けてみたいと思うようになる。もちろん、その扉を開けるか否かは自分次第。愛と性への探求心への強さ次第ということになるでしょう。

そういうプレイの好みや性癖などがドンピシャに一致して、二人で背徳の世界を冒険し、快楽を共有できるカップルの絆は強く、なかなか別れに至らないことが多いようです。

■ソフトSMという刺激剤

いまや、極端に保守的な人や感性の貧しい人でなければ、ソフトSMぐらいまではアブノーマルに入らないと感じているはず。

たとえば、女性に目隠しをしてセックスするのは、視界を奪われたことによって、相手の動きに対する期待や驚きが生まれます。視覚を奪われると他の感覚機能が敏感になりますし、また愛撫に集中しやすくなるのです。目隠しによって身を任すという受け身な状態を作るわけですから、女性は自分の快楽にのみ集中しやすくなり、想像力をかき立てられ、意外とリラックスできたりもするわけです。

プレイの期待感があるときは、あらかじめ素敵なアイマスクやスカーフや大きめのハンカチなど用意しておくといいでしょう。

そういうプレイはお互いに信頼関係が成立し同意していれば、どこまでいってもよいと思います。

セックスの最中に卑猥な言葉を口にしたり言わせたり、いわゆる言葉責めも、相手が受け入れ、興奮剤となるならば大いにけっこう。さほど難しいことではないと思います。

激しい痛みを伴うSMプレイはもっとアブノーマルな世界でしょうから、なかなか受け入れてもらうのは困難かもしれませんね。しかし、アブノーマルとされるような域に入ることでも、そのカップルが幸せな関係を築く絆となっているならば、否定や差別はしないことです。

要は、どこまでコミュニケーションとして了解しあっているかです。嫌だとか抵抗あることを無理強いするのはいけません。二人の仲を壊すことになりかねない。かといってどうせ彼女に言っても理解されず嫌がられるかもと、最初から諦めてしまうのも寂しすぎます。徐々に抵抗感がなくなるように、一歩一歩ゆっくりと進んでいくことですね。

■熟年になればスローセックスで

若い人は若い人なりの、年齢を重ねた人は重ねたなりの、セックスの楽しみ方があると思います。男性は、若いうちは誰だって精力があり余っていますから、性行為そのもので欲望を満たそうという傾向があります。それは自然なことでしょう。ところが誰しも年齢を重ねると精力は自然と落ちてくる。しかし、そこで落胆して、セックスから遠ざかるのは、自分の人生をつまらなくしているのも同然でしょう。

勃起力や持続力が低下してきたら、それ以外でのセックスの愉しみがあります。前戯でじっくり女性を興奮させ、スローセックスといって女性の中に挿入しても激しいピストン運動をせずにじっくりと蠢《うごめ》く女性の内部を愉しんだりします。

わたしは常々「男性は勃起しなくなるとセックスはできないのだろうか？」という疑問を持っています。むろん、ペニスで得られる快感も必要でしょうが、挿入がなくてもセックスは成立すると思います。バイアグラなど優秀な薬が開発され、熟年や老年になっても勃起することが可能になっています。わたしは否定はしませんが、絶対に必要なものと思っていません。それらを必要とするのは、挿入がすべてだという男の人の思い込みからだと思うのです。

肉体的な勃起が興奮につながっているかというと、必ずしもそうではない。そうした薬がなくてもエロティックに興奮することができると思います。興奮や快楽は精神的なものなのですから。心とは別に肉体をむりやり奮い立たせるよりは、もっと自然な形で、むしろ精神的なエロスを重視してほしいと思っています。しかし、そんなリスクを伴っても勃起したいという男とは、なんと可愛い生き物だろうとも思います。

できれば安全に自然な形の違う手段を探してほしいものです。わたしは、いちばん大切なことは欲望を失わないことで、欲望を失わなければ、必ず興奮も快楽もあると思います。人間だけに与えられた交尾ではない想像力を駆使したセックスです。

わたしの尊敬する団鬼六先生は、俺はもちろん勃起しないとおっしゃるのですが、女性が大好きだし、快楽にとても前向きだし、今も性的欲望を失ってはおられません。明るくその欲望を全開にされるのは団先生の魅力です。それがとても素敵で、正しい姿だと思います。

男性が前戯に精力的にエネルギーを費やしてくれると、女性は間違いなくほんとうに愛されてるという実感が湧き、こんな快感があったんだと、じわじわと自分が興奮していくことへの心地よさを感じ新たな喜びを見いだし、女であることの喜びを再確認したり、または忘れかけていた女の喜びを取り戻したりするのです。そうすると、必ず女の魅力は磨かれ、男性に優しくなれるものです。女性から優しくされたいと願うなら、女性に快楽を与えてあげることです。

挿入がすべてだと考えてはいけない。女性から言わせれば、正直どうでもいいですよというぐらいな感じなのです。

前戯やじらしのテクニックで女性を絶頂にまで高める、多面的な快感や、その女性がもつ別の顔を引き出すことができるのが大人の男ではないでしょうか。

女性に最高の快楽を与え官能を開発する、そのことが男性自身の快楽につながる、それが大人のセックスの本質だと思います。

そして、いくつになってもセックスは大事だと思います。

フィジカルな身体が心に与える影響は非常に大きなものがあります。

ですから、いいセックスは人の官能機能や心を磨き、運動したあとと同じように副交感神経が活発になり、脳がリラックスする。これは生きる喜びに通じますね。

生きているかぎり、男も女も性はともにあるわけです。それをきちんと認め、また認めてあげ、いくつになっても性の喜びを忘れないでほしいと思います。世間のしがらみや常識を超えて、快楽を追求できるといいですね。

■熟年のエロスは想像力とインテリジェンスの産物

女性に快楽を与えることが男性の快楽になっていくというのが、セックスの基本だと思っています。男性には官能に打ち震える女性を見る快楽もあります。逆に、女性には見られる快楽があります。

肉体の元気さが自然と失われていく分、今度は想像力や演出力の頭の部分でかき立てていけるというのが、大人の、熟年世代のセックスではないかと思います。それには経験やインテリジェンスを要求されるので、若い人には難しいでしょう。そんな素敵な世界があることを、もっと前向きに意識したほうがいいと思います。

そんな素晴らしい背徳感漂う演出も、しっかりとしたモラルをもって自己責任のもとに生きてきた成熟した大人だからこそ、許されるのです。

挿入がなくても、それもひとつの性行為だと言いましたが、加齢ばかりでなく、

下半身不随になってしまった場合でも同じだと思うのです。肉体的に何かが失われたとしたら、頭の中は健康で何不自由なかったときよりも、それ以上にエロティックになるものです。エロスというのは、健全なムードよりも退廃的なムードの中にあるものです。

実は、わたしの経験の中にも相手のＥＤ（勃起機能不全症）というのがあります。肉体的な問題でなく、精神的な問題でＥＤになる人も少なくないようです。

男性は特に社会的なストレスやプレッシャーが多いのでしょうね。男性にとってはとてもショックのようですが、悲観せず焦らず、自分の殻に閉じこもったりしないで、パートナーに理解してもらうことが大切です。男性が投げやりにならず、女性に優しい抱擁や愛撫をすることでその熱意や思いは伝わります。そうすれば、女性も優しい気持ちで待てるものだし、なんとかして精神的ストレスの原因を和らげてあげたいと思うものです。

精神的ストレスを受けてＥＤに陥ることには、健康そのものを損なうことにもなりかねないので問題はあると思います。でも、挿入そのものがないことには何ら問題はないのです。むしろ、そういう機能が衰えたりなくなったりすると、見る快楽がもっととぎすまされていくでしょう。映画や小説では、男性が妻や恋人に性的な悦楽を直接与えられない場合、別の誰かを介入させて、それを見ることで快楽を得るような世界が描かれます。精神的にお互いの興奮が高まって信頼関係があれば、そんなこともある種の性行為で、愛の形だと思います。

片岡義男さんの『花までの距離』は、見られることを最高の快楽とする女性の要求に応え、指一本触れないという小説です。そんな女性に見る快楽を開花させられていく男性の心理がとてもおもしろいのです。川端康成さんの『眠れる美女』は、不能になった老人が薬で眠らせた若い女性を弄《もてあそ》ぶというシチュエーションですが、エロティックというのはこういう世界で膨らんだりもするのだと思います。

百人いたら百通りの恋愛があるように、エロスもさまざまなのでしょう。

■セックスレスで一緒に暮らすのは不自然

わたしは、よくセックスの相談を受けます。相談で多いのが、セックスレス、不感症、相手をどう誘ってよいかわからないなどです。

ある程度の年齢になって、感じないし濡れなくなってきた、旦那や恋人とのセックスにも積極的になれない、セックスにエネルギーを費やす気力を失っている女性がたくさんいます。

セックスレスの夫婦やカップルが多いのには驚かされます。女性にも男性と同じように欲望があるわけで、それを満たさずにいるなんて心身ともに衛生上よくないと思います。

昔は、女性が性的な欲望を肯定したり積極的になったりするのは、封建的な時代には歓迎されたことではなかったでしょう。楚々とした妻であるために、女性は自分の性欲に蓋をするほうが賢明であったのかもしれません。

しかし、今の時代は、女性が自らの性欲を否定する必要がありません。女性誌の特集で『セックスできれいになる』というタイトルが組まれる時代です。女性が性欲を満たすことに前向きなのは、当たり前という前提で生きていて否定されないわけです。

ところが、男性は自分で適当にパートナー以外の女性と遊ぶけれど、奥さんに遊ばれるのは嫌だと言います。セックスがあるうえでそういうならまだわかりますが、もう何年もセックスをせずにパートナーをほったらかしにしている状態でそれをいうのはずいぶん自分勝手な話だと思いませんか。

じゃあ女性も遊べばいいのか、という話にはならないわけです。現実に女性が遊びの中で性的欲望を満たすのは難しい。今時はずいぶんドライな男性化した女性もいて、男性と同じように欲望を満たす人もいるようですが、多くの女性はそんなことを求めてはいないし無理な話なのです。それなのに、ステディな相手に求めたり求められたりしないなんて、とても不幸なことです。

わたしなら、そんな不幸を受け入れることは絶対にできません。幸せを共有するために一緒にいるわけですから、出口のない不幸を感じては一緒にいる必要がないわけです。苦労をともに乗り越えるのとは意味が違います。自立している女性なら多くの人がそう思うでしょう。発展性のない関係では努力する気にもならないはず。セックスがない相手と一緒に暮らすのは、むしろ不自然だと思います。結婚しない女性が増えているのは自然なことなのかもしれません。

結婚すると変な安心感や束縛感が出てきて、パートナーへの感謝の気持ちや思いやりを忘れがちになり、相手を自分の所有物みたいに勘違いする愚かなところも人間にはあります。そのため、お互いに自立しているなら、緊張感のあるよい関係を保つためには、わたしもそうですが、結婚しないでおこうということになる。

特に、女性は結婚すると損なことが多いように思います。二人とも働いている場合でも家事を完全分担する男性は少ないものです。お互い働いていても、女性のほうが家事の負担が増えると、確実に独身のときより大変になるわけです。

家事が好きで尽くすのが好きな女性であっても、それが当たり前のようになると、そこに喜びは見いだせません。やはり愛する人からの感謝やねぎらいがあってこそです。

特に、結婚すると男性は「セックスを家に持ち込まない」などといって、釣った魚に餌を与えないという傾向があるようです。もちろん、そうなるのはすべて男性の責任というわけではありません。女性に問題がある場合もあるでしょう。女性も女であることを忘れてしまっては、旦那も妻を抱きたいなどとは思えないはずです。家庭の中でセクシャルな男女としての緊張感を保つことはとても大変なこと。努力が必要です。そういうセクシャルな関係を諦めたほうが楽なのだと思いますが、愛と性、さらには充実した人生を求めるならば、諦めてはいけないと思いますね。

■セックスの快楽に制限はない

わたしは、昨年四十歳になりました。そして、これからもセックスに前向きでいたいと思っています。快楽を諦めたくないと思っています。この年になったからもういいじゃないみたいな風潮が、世の中にはあります。ある程度の年齢になってセックスしてたらおかしい人みたいな。そんなことをいわれるのは気の毒ですが、もっと気の毒なのはそんなことを本気で思っている人です。

人は死ぬまで快楽を求めていいと思います。むろん、年齢に応じて快楽は変化していくでしょうが、年齢に応じた快楽がきっとあるはずです。同じように変化するなら、変化を肯定的に捉えていくべきです。

自分でいろいろな制限をつくりたくないものです。いつでも新たな快楽の扉を開く好奇心を失いたくないと思っています。

セックスは究極の快楽。誰とでも共有できるものではありません。非常に厳選された相手との秘めやかな世界です。

人生を豊かにするうえでこのうえなく必要なもの。男として、女として、潤い続けるためにはセックスを楽しまなければ。わたしの女としての演出アイテムとして、ピンヒールやランジェリーや香水というものがありますが、その延長線上のところにセックスの快楽が存在しています。このエッセンスでわたしが女を楽しむように、男性も男を楽しむための何かしらを見つけていただきたいものです。

セックスはさまざまなことを教えてくれます。男女が深い関係性を築くうえでもとても大切な魂のふれあいなのです。いくつになっても、人生からセックスを置き去りにすることなく、男の喜びを求め続けてほしいものです。日本の男性がもっともっとセクシーで魅力的になるように、女性はみんな願っています。

（ブルゴーニュ白・Bourgogne Blanc）

■モンラッシェ（Montrachet）

フランスの２大白（もうひとつはシャトー・ディケム＝ボルドー）とされる特級畑のワインです。畑はピュリニー・モンラッシェ村（Puligny Montrachet）とシャサーニュ・モンラッシェ村（Chassagne Montrachet）にまたがっています。ナッツと溶けたバターと蜂蜜の風味がするとされます。

■ムルソー（Meursault）

ムルソー村には特級畑はありませんが１級畑が約25％くらいあります。ナッツと溶けたバターの風味を持つといわれ、甘美な芳香の辛口ワインです。ブルゴーニュの３大白（あと２つはモンラッシュとコルトン・シャルルマーニュ）に数えられます。

【シャンパン】（Champagne）

■アンリ・ジロー（Henri Giraud）

生産量の少なさからイギリスやモナコなどの王室御用達と、一部の上流階級で愛飲されるのみで、日本では長らく一般に知られてきませんでした。

■サロン（Salon）

シャルドネしか使わないブランドブラン（白ぶどうからつくったシャンパン）のビンテージものしか出していません。

■ドン・リュイナール（Don Ruinart）

シャンパン生産法の改良に貢献した僧侶ドン・ペリニヨンを手伝った高僧がリュイナールさん。その甥がはじめた会社の製品です。

【イタリア】（Italian Vino）

■バローロ（Barolo)）

「ワインの王であり、王のワインである」とうたわれるイタリア最高峰で世界で最も重いワイン。重いワインが好きなら驚く味。ボルドーよりもこちらのほうが手頃。

■バルバレスコ（Barbaresco）

「イタリアワインの女王」と呼ばれるワイン。味わいは繊細。甘さ・酸味・渋味のバランスのよさが持ち味。

■サッシカイア（Sassicaia）

1968年から生産されるスーパー・トスカーナといわれるワインの元祖。デビュー当時、テーブルワインの格付けながら、イタリア最高峰のワインという評価を得て世界を驚かせました。

杉本彩のマイ・フェイバリット・ワイン

【ブルゴーニュ】(Bourgogne)

ブルゴーニュにおけるフランス・ワイン法での格付は、特級畑(グラン・クリュ)・第1級畑(プルミエ・クリュ)・村名・地区名・地方名(広域)・地方名(全域=ブルゴーニュ)という順番になります。デートのときは、村名ワイン以上を頼むのが安全でしょう。むろん、おいしいものを知っていれば格付けにこだわる必要はありません。

ブルゴーニュの場合、ひとつの畑を複数人が所有しているため、同じ(同じ畑・村・地域)名前のワインを複数の醸造社が出しているのが一般的です。ちなみに、ブルゴーニュの赤は基本的にピノ・ノワール、白はシャルドネから造ります。単一品種のブドウから造られるため地区によって地味(テロワール)の個性が出ます。

(ブルゴーニュ赤・Bourgogne Rouge)

■シャンベルタン(Chambertin)

ジュヴレ・シャンベルタン村の特級畑の中でも筆頭です。力強い味わいが特長です。

■ジュヴレ・シャンベルタン(Gevrey Chambertin)

ジュヴレ・シャンベルタン村の村名ワイン。この村には9つの特級畑と多くの1級畑とそれ以外の村名ワインがあります。単にジュヴレ・シャンベルタンとあるのは村名ワインでお手頃の価格ですが、必ずしも味が劣るとはかぎりません(村名ワインについては以下同)。

■ニュイ・サン・ジョルジュ(Nuits St Georges)

この村には特級畑はありませんが、1級畑が27もあります。単にニュイ・サン・ジョルジュとあるのは村名ワインです。色が濃くタンニンの強いしっかりしたタイプです。

■ロマネ・コンティ(Romanée-Conti)

ドメーヌ・ド・ラ・ロマネコンティ社が単独所有する畑のブドウで年6000本前後しか生産されない世界的に有名にして高価なワインです。「飲むより語られる事の方が多いワイン」とも言われますね。

■ヴォーヌ・ロマネ(Vosne Romanée)

ロマネ・コンティの畑がある村のワインです。他にも特級畑が7つ。村名ワインでも質が高いと定評があります。

■モレ・サンドニ(Morey St Denis)

ジュヴレ・シャンベルタン村とシャンボール・ミュジニィ村に挟まれた村で、畑全体のうちにグランクリュと1er クリュの占める割合が高い。モレ・サンドニとだけあるのは村名ワインです。

★読者のみなさまにお願い

この本をお読みになって、どんな感想をお持ちでしょうか。次ページの「100字書評」（原稿用紙）にご記入のうえ、ページを切りとり、左記編集部までお送りいただけたらありがたく存じます。今後の企画の参考にさせていただきます。また、電子メールでも結構です。

お寄せいただいた「100字書評」は、ご了解のうえ新聞・雑誌などを通じて紹介させていただくこともあります。採用の場合は、特製図書カードを差しあげます。

なお、ご記入のお名前、ご住所、ご連絡先等は、書評紹介の事前了解、謝礼のお届け以外の目的で利用することはありません。また、それらの情報を六カ月を超えて保管することもありません。

〒一〇一―八七〇一　東京都千代田区神田神保町三―六―五　九段尚学ビル
祥伝社　書籍出版部　祥伝社新書編集部
電話〇三（三二六五）二三一〇　E-Mail : shinsho@shodensha.co.jp

キリトリ線

★本書の購入動機（新聞名か雑誌名、あるいは○をつけてください）

＿＿＿＿新聞の広告を見て	＿＿＿＿誌の広告を見て	＿＿＿＿新聞の書評を見て	＿＿＿＿誌の書評を見て	書店で見かけて	知人のすすめで

★100字書評……インテリジェント・セックス

名前

住所

年齢

職業

杉本 彩　すぎもと・あや

1968年、京都府生まれ。87年に東レ水着キャンペーンガールとしてデビュー。モデル、女優として活躍する一方、コスメブランド「アンデスティノ」を設立し、ランジェリーブランド『アンパサージュ』のプロデュースも手がけている。
また、タンゴダンサーとして講演活動も展開し、若い女性層にもファンが多い。『インモラル』『京おんな』（ともに新潮社刊）を執筆するなど、官能小説家の顔も持っている。

インテリジェント・セックス

杉本《すぎもと》 彩《あや》

2009年 3 月 5 日　初版第 1 刷発行
2009年 3 月20日　初版第 2 刷発行

発行者……………竹内和芳
発行所……………祥伝社しょうでんしゃ
〒101-8701　東京都千代田区神田神保町3-6-5
電話　03(3265)2081(販売部)
電話　03(3265)2310(編集部)
電話　03(3265)3622(業務部)
ホームページ　http://www.shodensha.co.jp/

装丁者……………盛川和洋
印刷所……………堀内印刷
製本所……………ナショナル製本

造本には十分注意しておりますが、万一、落丁、乱丁などの不良品がありましたら、
「業務部」あてにお送りください。送料小社負担にてお取り替えいたします。

Printed in Japan　ISBN978-4-396-11145-8　C0276